Dr. Prudent Josué

La profondeur de Dieu

Dr. Prudent Josué

La profondeur de Dieu

La profondeur de l'amour de Jésus Christ

Éditions Croix du Salut

Cover image: www.ingimage.com

Publisher:
Éditions Croix du Salut
is a trademark of
Dodo Books Indian Ocean Ltd. and OmniScriptum S.R.L publishing group

120 High Road, East Finchley, London, N2 9ED, United Kingdom
Str. Armeneasca 28/1, office 1, Chisinau MD-2012, Republic of Moldova, Europe
Printed at: see last page
ISBN: 978-620-3-84569-3

LIVRE
LA PROFONDEUR DE DIEU

Ecrit par : Prudent Josué Bayongwa

Préambule

Dans le premier temps j'ai voulez-vous donné quelques mots de motivation pour mieux comprendre ce livre. La conformité ne pas toujours le moyen nécessaire pour apprendre quelque chose même dans le moment les plus difficile il y a toujours le moyen d'entreprendre s

prudentculture@gmail.com
prudentculture@yahoo.com
+243 970 610 799
+243 892 479 842

La profondeur Divine

Dans le livre de Genèse 1 ,2 la parole de Dieu nous parle de la profondeur divine. Nous sommes tous contant que Dieu a créé le monde et toutes choses qui sont dans le monde. Dieu en étant Dieu, la parole dit : l'Esprit mouvait au-dessus des eaux, pour dire que Dieu avait créé toute chose en étant au-dessus des eaux. Nous sommes tous témoin que le 3^{em} jours jusqu'au 5^{em} jours Dieu avait créé en étant au-dessus des eaux, Il y a un seul Dieu. Mais, lorsque Dieu s'est présenté dans l'AT, il se présente comme unique, mais avec une complexité de son être. Genèse 1 :26 « Puis Dieu dit : Faisons l'homme à notre image, selon notre ressemblance… » Dans ce texte « Dieu » singulier a employé la première personne du plurielle, « Faisons » et « notre. »

Nous sommes de la race de Dieu, comme Dieu et Esprit nous sommes aussi des esprits. Dieu chercher quelqu'un qui lui ressemble dès le commencement de la création. Ce pourquoi la parole nous dit qu'il mouvait au-dessus des eaux.

Dieu créa toutes choses superficiellement, sauf, l'homme. Voilà pourquoi la bible nous parle d'au-dessus des eaux qui signifie le superficiel. Il n'a consulté personne sur sa création superficielle ; mais regarde sur la création des hommes, il dit : faisons les hommes à notre image ; il a employé le pluriel qui veut dire qu'il est en train de s'adresser à une autre personne.

La bible nous dit, l'Esprit était au-dessus des eaux, et il y'avait personne sur la terre ; la question est : il s'adressait à qui ? Et où ? Lorsqu'il créa l'homme ?

Nous devons savoir que la profondeur existe, ou nous étions avec notre père qui est Dieu. Il nous a choisi d'être des êtres spirituels comme lui, dans sa profondeur il nous a tiré pour dominer sur tout ce qui est superficiel ; dommage car nous avons perdu notre profondeur, nous sommes restés des ignorants sans se rendre compte de ce que nous étions et où nous sommes. C'est pourquoi la bible dit : mon peuple péri par manque de connaissance.

prudentculture@gmail.com
prudentculture@yahoo.com
+243 970 610 799
+243 892 479 842

VERS LES PROFONDEURS DE DIEU

« Car l'Esprit sonde tout, même les profondeurs de Dieu. » 1 Corinthiens 2.10

Nous le savons tous, Dieu est au ciel, nous sommes sur la Terre. Comment pourrait-on arriver à communiquer avec Lui ? Comment pourrait-on arriver à le cerner ? Nos faibles mots peuvent-ils atteindre son trône élevé ?

La Bible nous donne une vision de Jacob qui a vu une échelle dressée vers le ciel : « Il eut un songe. Et voici, une échelle était appuyée sur la terre, et son sommet touchait au ciel. Et voici, les anges de Dieu montaient et descendaient par cette échelle. » Genèse 28.12

Une échelle appuyée sur la terre, et dont le sommait touchait le ciel. C'était un pont entre le ciel et la terre, par lequel il pouvait y avoir un contact entre Dieu et les hommes. L'échelle de Jacob est une préfiguration. En effet, ce contact qu'elle présente est l'image de Jésus-Christ qui par sa mort pour le pardon des péchés des hommes est venu réconcilier l'humanité toute entière avec le Créateur, permettant aux hommes qui l'auront reçu de rentrer dans la présence de Dieu et de communiquer avec Lui. La Croix plantée dans la terre et dressée vers le Ciel, à l'image de cette échelle, est l'expression même de l'amour de Dieu et du contact avec Dieu. Jésus a lui-même repris cette image pour le confirmer « En vérité, en vérité, je vous le dis, vous verrez le ciel ouvert et les anges de Dieu monter et descendre au-dessus du Fils de l'homme. » Jean 1.41. Amen !

Christ nous a aussi donné un bien, une grâce plus excellente : **le Saint-Esprit**. C'est de lui dont l'apôtre Paul parle dans ce verset. Le Saint-Esprit sonde tout, même les profondeurs de Dieu.

Les profondeurs de Dieu...Je peux rester des heures à repasser cette expression dans ma tête. Les profondeurs de Dieu.

Tandis que la surface désigne ce qui est superficiel et que la plupart peut saisir, la profondeur désigne une couche qui n'est accessible qu'à certains. La Bible parlera des « profondeurs de Dieu » mais aussi des « profondeurs de Satan » Apocalypse 2.24

prudentculture@gmail.com
prudentculture@yahoo.com
+243 970 610 799
+243 892 479 842

Aller en profondeur avec Dieu, signifie pouvoir dans une certaine mesure cerner sa volonté. En effet, un don financier que tous les autres de manière superficielle pourraient accepter, un chrétien peut le cerner et le refuser par exemple car l'Esprit de Dieu l'amène à comprendre que Dieu s'oppose à ce don. Un endroit où tous vos amis chrétiens vont aller peut vous sembler inapproprié car vous commencez à saisir de manière profonde la volonté de Dieu.

Aller en profondeur dans un cours d'eau c'est parfois aller sur des chemins qu'on ne connaît pas, être confronté à plus de pression. Aller en profondeur avec Dieu vous confrontera aussi à des combats des épreuves plus fortes que celles des chrétiens superficiels qui demeurent à la surface.

Mais lorsque Dieu vous entraîne en profondeur et que par Christ vous amarrez votre ancre au fond de sa rivière d'amour, vous trouvez quelque chose : **les profondeurs de sa joie**. Amen !

Au plus profond de Dieu, se trouve la joie ineffable du serviteur qui œuvre pour son Père. Du serviteur qui reçoit la consolation de son Seigneur dans la tribulation, du serviteur qui par son obéissance complète réjouit le cœur de Dieu. Les profondeurs de sa joie. La joie complète en Christ ne se trouve que dans les profondeurs.

. Etes-vous allé dans les profondeurs avec Lui ? Avez-vous trouvé la joie ?

Je vous invite à prendre ce chant qui dit : « Plonge mon esprit dans les profondeurs de ta joie. » Laissez le Seigneur vous entraîner dans ses profondeurs

prudentculture@gmail.com
prudentculture@yahoo.com
+243 970 610 799
+243 892 479 842

La profondeur de l'amour de Christ

Quelle est la profondeur de l'amour de Jésus ? Corrieten Boom (survivante du camp de concentration de Ravensbrück, où elle a été incarcérée parce qu'elle avait caché des Juifs), dont le père, un frère et la sœur ont été tués par les nazis, a découvert : " Dieu est plus profond que le puits le plus profond ". Est-ce qu'il y a quelqu'un ici qui se trouve dans un puits profond ? Quel que soit le puits profond dans lequel vous vous trouvez, l'amour de Jésus est encore plus profond que votre puits. Etes-vous dans un puits de péché ? L'amour de Jésus est si profond qu'il vous atteint même dans votre puits de péché. Etes-vous dans un puits de désobéissance ou d'apostasie spirituelle ? L'amour de Jésus est plus profond que votre désobéissance ou votre apostasie. Etes-vous dans un puits de dépression ? L'amour de Jésus est assez profond pour vous rendre la joie du salut et chasser votre dépression. Etes-vous dans le puits de l'épreuve ? L'amour de Jésus vient à votre secours dans la profondeur de votre puits d'épreuve ; Ses bras éternels vous soutiennent et Sa main droite est assez forte pour vous en sortir.

1. LE PUITS PROFOND DU PÉCHÉ

La Bible est remplie d'histoires de pécheurs. Cela n'est guère étonnant, car : Romains 3 : 23 dit tous ont péché et sont privés de la gloire de Dieu;

L'histoire d'un pécheur est toujours une histoire triste. Celle de Loth, le neveu d'Abraham, est l'une des plus tristes. C'est le récit d'un homme qui commence bien mais finit mal. Loth commence comme un homme honnête, pieux, religieux. L'apôtre Pierre l'appelle : "le juste Loth" *: 2 Pierre 2 : 7* et s'il a délivré le juste Loth, profondément attristé de la conduite de ces hommes sans frein dans leur dissolution Il accompagne Abraham et partage ses grandes bénédictions divines: *Genèse 13 : 2-5* Abraham était très riche en troupeaux, en argent et en or. 3 Il dirigea ses marches du midi jusqu'à Béthel, jusqu'au lieu où était sa tente au commencement, entre Béthel et Aï, Lire la suite Ils ont même trop, à eux deux, car Abraham et Loth habitent dans le midi semi-désertique ... *Genèse 13 : 6* Et la contrée était insuffisante pour qu'ils demeurassent ensemble, car leurs biens étaient si considérables qu'ils ne pouvaient demeurer ensemble. *Genèse 13 : 8-9* Abraham dit à Loth : Qu'il n'y ait point, je te prie, de dispute entre

prudentculture@gmail.com
prudentculture@yahoo.com
+243 970 610 799
+243 892 479 842

moi et toi, ni entre mes bergers et tes bergers; car nous sommes frères. 9 Tout le pays n'est-il pas devant toi ? Sépare-toi donc de moi: si tu vas à gauche, j'irai à droite; si tu vas à droite, j'irai à gauche. Loth regarde autour de lui, vers les montagnes inhospitalières du nord et à l'ouest, peuplées par des tribus hostiles; vers le sud, où il voit le désert tout à fait infertile du Néguev - des milliers de kilomètres carrés de rocher et de sable. Puis il tourne ses yeux vers l'est, et là, à l'horizon, il voit l'oasis verte et prospère de Jéricho, avec ses palmiers et son abondance de fruits, avec, juste à côté, la mer morte, qui à l'époque n'était pas du tout morte, mais riche en poissons avec des ports florissants et prospères: *Genèse 13 : 10* Loth leva les yeux, et vit toute la plaine du Jourdain, qui était entièrement arrosée. Avant que l'Eternel eût détruit Sodome et Gomorrhe, c'était, jusqu'à Tsoar, comme un jardin de l'Eternel, comme le pays d'Egypte.

Qu'est-ce que nous aurions choisi? Loth ne doit pas réfléchir longtemps: *Genèse 13 : 11* Loth choisit pour lui toute la plaine du Jourdain, et il s'avança vers l'orient. C'est ainsi qu'ils se séparèrent l'un de l'autre.

On le comprend bien. Pourquoi se rendre la vie difficile si on peut vivre aisément? Pourquoi labourer et piocher dans des montagnes inhospitalières ou dans un désert rocheux si on peut vivre facilement dans une oasis? Mais le plus facile n'est pas toujours le meilleur, le plus attrayant n'est pas toujours le plus avantageux. Tout a son prix, et le prix que Loth va devoir payer pour son choix sera excessivement élevé. La contrée de Sodome était, en effet, "comme un jardin de l'Éternel". On y vivait très, très bien. Mais: *Genèse 13 : 13* Les gens de Sodome étaient méchants, et de grands pécheurs contre l'Eternel.

Sodome était une ville remplie d'immoralité, d'impudicité et d'homosexualité. Malgré cela, Lot a choisi Sodome. Les choix que nous faisons dans notre vie en déterminent le progrès. Loth choisit Sodome. Au début il ne fait que lever ses yeux sur le péché dans la ville, mais quelque temps après:

Genèse 13 : 12 Abraham habita dans le pays de Canaan; et Loth habita dans les villes de la plaine, et dressa ses tentes jusqu'à Sodome.

Et puis: *Genèse 14 : 12* Ils enlevèrent aussi, avec ses biens, Loth, fils du frère d'Abraham, qui demeurait à Sodome; et ils s'en allèrent.

prudentculture@gmail.com
prudentculture@yahoo.com
+243 970 610 799
+243 892 479 842

2 Pierre 2 : 7-8 et s'il a délivré le juste Lot, profondément attristé de la conduite de ces hommes sans frein dans leur dissolution 8 car ce juste, qui habitait au milieu d'eux, tourmentait journellement son âme juste à cause de ce qu'il voyait et entendait de leurs œuvres criminelles;

...il sait que c'est le péché, son âme en souffre, mais il ne le quitte pas, il reste tout de même à Sodome, dans ce puits profond de péché. Y a-t-il des "Loth" parmi nous ? Vous êtes enfant de Dieu, vous avez accepté Jésus comme Sauveur. Dans votre cœur vous L'aimez, et vous voulez vraiment Le suivre. Mais aujourd'hui, vous vous trouvez dans un puits profond de péché. C'est la conséquence d'avoir choisi le tabac, l'alcool, la drogue, la pornographie, l'argent que vous avez gagné au noir. Le péché vous a attiré, les pécheurs vous semblaient si gentils. Au début vous n'avez fait que regarder le péché à distance, comme Loth. Mais regarder le péché engendre le désir d'y goûter. Goûter le péché éveille le plaisir du péché, et le plaisir du péché conduit à l'esclavage du péché. L'esclavage ne commence jamais lors du premier péché. Personne ne commence comme fumeur endurci, alcoolique, ou drogué. Personne ne choisit l'esclavage du tabac, de l'alcool ou de la drogue; on choisit une cigarette, un verre, un joint. Et on pense- on se convainc même - que l'on se contrôle bien soi-même, que l'on peut regarder et goûter sans danger, qu'on peut arrêter quand on veut. Mais avant qu'on ne s'en rende compte, on en devient esclave, comme Loth. On sait qu'il s'agit de péché. On ne le veut pas, mais on n'a ni la volonté ni la force d'en sortir. Loth a choisi d'habiter chez des pécheurs, au lieu de rester auprès du peuple de Dieu. Voilà pourquoi il partage le sort des pécheurs. La ville de Sodome est attaquée et vaincue, et Loth et sa famille sont fait prisonniers. Son puits devient de plus en plus profond. Il ne sait plus du tout comment s'en sortir. Mais l'Éternel ne l'a pas abandonné, et son oncle non plus: *Genèse 14 : 14* Dès qu'Abraham eut appris que son frère avait été fait prisonnier, il arma trois cent dix-huit de ses plus braves serviteurs, nés dans sa maison, et il poursuivit les rois jusqu'à Dan.

Genèse 14 : 16 Il ramena toutes les richesses; il ramena aussi Loth, son frère, avec ses biens, ainsi que les femmes et le peuple. Gloire à Dieu pour des "Abrahams" - des frères et sœurs en Christ qui nous soutiennent et qui nous viennent en aide quand nous nous trouvons dans un puits, afin de nous en sortir. Lot est libéré. Que pensez-vous qu'il va faire maintenant? Est-ce qu'il

prudentculture@gmail.com
prudentculture@yahoo.com
+243 970 610 799
+243 892 479 842

n'aura pas appris la leçon ? Est-ce qu'il ne tournera pas le dos à la ville de Sodome une fois pour toutes? Non - incroyable mais vrai - il y retourne! Encore pire: il y retourne, non comme simple habitant, mais comme "portier": *Genèse 19 : 1* Les deux anges arrivèrent à Sodome sur le soir; et Lot était assis à la porte de Sodome. Quand Loth les vit, il se leva pour aller au-devant d'eux, et se prosterna la face contre terre. Ce qui veut dire qu'il est devenu membre du conseil communal et échevin de la ville!

2 Pierre 2 : 22 Il leur est arrivé ce que dit un proverbe vrai : le chien est retourné à ce qu'il avait vomi, et la truie lavée s'est vautrée dans le bourbier.

Y a-t-il des "Loth" parmi nous? Vous étiez dans un puits du péché; le Seigneur vous en a délivré, vous en étiez libéré, mais vous vous êtes enfoncé dedans de nouveau, et maintenant vous y êtes plongé plus profondément que jamais! Est-ce qu'il y a encore de l'espoir pour vous? Est-ce que l'amour de Dieu est assez profond pour vous atteindre encore une fois?

Loth habite à Sodome dans le puits du péché depuis 15 ans environ, lorsque l'Éternel dit à Abraham:

Genèse 18 : 20 Et l'Eternel dit : Le cri contre Sodome et Gomorrhe s'est accru, et leur péché est énorme.

Dieu révèle à Abraham qu'Il a décidé de détruire la ville de Sodome et tous ses habitants. Abraham pense immédiatement à son neveu, Lot, et il commence directement à lutter pour lui dans la prière. Il y a des moments où nous devons venir en aide réellement à ceux qui sont dans le besoin, et il y en a d'autres où nous ne pouvons rien faire sinon lutter pour eux dans la prière. Quand Loth et sa famille ont été faits prisonniers par des ennemis, Abraham a mobilisé toutes ses forces pour les libérer. Mais maintenant que le danger qui les menace est d'origine spirituelle et non humaine, Abraham sait que lever une armée n'a pas de sens, que la lutte doit être spirituelle. Nous avons besoin de ce discernement spirituel pour savoir comment nous devons réagir lorsqu'un danger nous menace. Trop souvent nous régissons humainement là où nous devrions réagir spirituellement, et vice-versa.

prudentculture@gmail.com
prudentculture@yahoo.com
+243 970 610 799
+243 892 479 842

Genèse 19 : 1 Les deux anges arrivèrent à Sodome sur le soir; et Loth était assis à la porte de Sodome. Quand Loth les vit, il se leva pour aller au-devant d'eux, et se prosterna la face contre terre.

Loth vit au milieu du péché, mais il reconnaît toujours les anges de Dieu lorsqu'il en voit! V.15, 17b "Dès l'aube du jour, les anges insistèrent auprès de Loth, en disant: Lève-toi, prends ta femme et tes deux filles qui se trouvent ici, de peur que tu ne périsses dans la ruine de la ville. ... Sauve-toi, pour ta vie; ne regarde pas derrière toi, et ne t'arrête pas dans toute la plaine; sauve-toi vers la montagne, de peur que tu ne périsses." Gloire à Dieu pour des "Abrahams" qui prient! Il y a des frères et sœurs qui prient pour vous, bien que vous vous trouviez dans un puits de péché. Dieu exauce la prière d'Abraham, et sauve Loth et sa famille.

"Loth, Dieu te donne maintenant une nouvelle chance. Tu peux repartir à zéro. Sodome, le puits du péché, est passée. Recommence, Loth, loin du péché, séparé des pécheurs, et le Seigneur te bénira et te rendra prospère." Frère ou sœur, si vous êtes dans un puits de péché, le Seigneur veut vous en sortir et vous donner une nouvelle chance. La Bible est le livre de la nouvelle chance. Jésus est mort à la croix de Golgotha pour donner une nouvelle chance au monde entier:

2 Corinthiens 5 : 17 Si quelqu'un est en Christ, il est une nouvelle créature. Les choses anciennes sont passées; voici, toutes choses sont devenues nouvelles.

Mais Loth ne se sert pas de sa nouvelle chance. L'histoire de Lot ne connaît pas une fin heureuse. L'Éternel l'a délivré encore une fois, et Il lui a donné encore une chance. Mais l'homme dont le récit commence avec tant de promesses, termine dans le puits de péché le plus profond. Lot, qui débute comme jeune neveu béni, partageant la prospérité de son oncle Abraham, termine dans l'ivrognerie et l'inceste. Quel avertissement! Savez-vous quel était son problème? C'est qu'il savait qu'il s'agissait de péché: "le juste Loth, (était) profondément attristé de la conduite de ces hommes sans frein dans leur dissolution 8 (car ce juste, qui habitait au milieu d'eux, tourmentait journellement son âme juste à cause de ce qu'il voyait et entendait de leurs œuvres criminelles)"; il savait que l'Éternel condamnait ce péché, mais "Il lui est arrivé ce que dit un proverbe vrai: Le chien est retourné à ce qu'il avait

prudentculture@gmail.com
prudentculture@yahoo.com
+243 970 610 799
+243 892 479 842

vomi, et la truie lavée s'est vautrée dans le bourbier." Cependant, il y a une issue de secours pour le péché:

1 Jean 1 : 8-9 Si nous disons que nous n'avons pas de péché, nous nous séduisons nous-mêmes, et la vérité n'est point en nous. 9 Si nous confessons nos péchés, il est fidèle et juste pour nous les pardonner, et pour nous purifier de toute iniquité.

2. LE PUITS PROFOND DE LA DÉSOBÉISSANCE

Un petit garçon rentre de l'école du dimanche. Sa maman lui demande ce qu'il a appris. Il répond : "La monitrice nous a raconté une histoire fantastique concernant un certain Jonas, qui est tombé d'une croisière lors d'un orage. Heureusement pour lui, il y avait justement, à ce moment-là dans les alentours, un sous-marin qui l'a sauvé et qui l'a mis à terre trois jours plus tard." La maman regarde son fils avec un grand point d'interrogation, et lui dit : "J'arrive difficilement à croire que la monitrice a raconté l'histoire comme ça". Le petit répond : "Tu as raison, maman, mais comme elle l'a racontée, l'histoire est encore beaucoup moins crédible !" L'histoire de Jonas est en effet incroyable même risible pour beaucoup. Mais les Juifs ne la considèrent pas du tout comme une plaisanterie. Le livre entier est lu à haute voix dans chaque synagogue au jour du Yom Kippur le jour le plus saint du calendrier juif. Pourquoi accordent-ils une telle priorité au livre de Jonas ? Parce qu'il nous apprend deux leçons très, très importantes : ce qui se passe quand on dit "non" à Dieu, et ce qui se passe quand on Lui dit "oui".

Dieu appelle Jonas à aller prêcher sa Parole à une ville qui était aussi pécheresse que Sodome :

Jonas 1 : 1-2 La parole de l'Eternel fut adressée à Jonas, fils d'Amittaï, en ces mots : 2 Lève-toi, va à Ninive, la grande ville, et crie contre elle ! Car sa méchanceté est montée jusqu'à moi.

Mais Jonas répond : "Non" ! Je n'y vais pas" !

Jonas 1 : 3 Et Jonas se leva pour s'enfuir à Taris, loin de la face de l'Eternel. Il descendit à Jaffa, Et il trouva un navire qui allait à Taris ; il paya le prix du transport, Et s'embarqua pour aller avec les passagers à Taris, loin de la face de l'Eternel.

prudentculture@gmail.com
prudentculture@yahoo.com
+243 970 610 799
+243 892 479 842

On ne peut pas empêcher Dieu d'appeler. Mais on peut refuser d'écouter Son appel. Dieu appelle de façons différentes - par Sa Parole, par des prédications, des conseils, des rêves et des visions, des convictions etc., mais Il nous a donné une libre volonté, et Il ne nous empêchera jamais d'agir selon notre propre volonté - même si nous agissons contre Lui. Il y a beaucoup de Jonas, même parmi le peuple de Dieu - ceux qui s'appellent "le peuple de Dieu" mais dont Dieu dit : *Psaumes 81 : 12* Mais mon peuple n'a point écouter ma voix, Israël ne m'a point obéi.

Romains 10 : 21 Mais au sujet d'Israël, il dit : J'ai tendu mes mains tout le jour vers un peuple rebelle et contredisant.

Jean 5 : 40 Et vous ne voulez pas venir à moi pour avoir la vie !

Esaïe 65 : 12 Je vous destine au glaive, Et vous fléchirez tous le genou pour être égorgés ; Car j'ai appelé, et vous n'avez point répondu, J'ai parlé, et vous n'avez point écouter ; Mais vous avez fait ce qui est mal à mes yeux, Et vous avez choisi ce qui me déplaît.

On peut dire "non" à Dieu. L'amour de Dieu nous "presse", mais il ne nous "force" jamais. Paul dit dans 2 Corinthiens 5 : 14 Car l'amour de Christ nous presse, parce que nous estimons que, si un seul est mort pour tous, tous donc sont morts ;

Dieu nous presse, mais Il ne nous oblige pas à Le suivre, à Lui obéir etc. Cependant, désobéir à Dieu a toujours des conséquences, comme chacun de ceux qui Lui ont désobéi, depuis Adam et Eve, ont dû l'apprendre. Dès l'instant où nous refusons Dieu, nous nous trouvons seuls. Nous nous sortons de la protection divine, comme Jonas :

Jonas 1 : 3 Et Jonas se leva pour s'enfuir à Taris, loin de la face de l'Eternel. Il descendit à Japho, Et il trouva un navire qui allait à Taris ; il paya le prix du transport, Et s'embarqua pour aller avec les passagers à Taris, loin de la face de l'Eternel.

Dieu le Saint-Esprit ne nous accompagne pas, lorsque nous quittons volontairement le plan de Dieu ; mais Satan, qui attend ce moment-là depuis longtemps, se présente immédiatement comme protecteur et guide. Jonas trouve un navire toute de suite, qui s'apprête à partir - exactement dans le sens

prudentculture@gmail.com
prudentculture@yahoo.com
+243 970 610 799
+243 892 479 842

inverse ! N'avez-vous jamais remarqué comme le diable nous rend la vie "facile" - il est souvent beaucoup plus facile de désobéir au Seigneur que de Lui obéir. Satan nous aide toujours à quitter le Seigneur, Son plan, Sa volonté, Son église. Il nous pourvoit même de tout un tas d'excuses, afin que nous puissions répondre aux accusations de notre conscience - par exemple : "Tu n'es pas encore prêt à venir au Seigneur ... ; à te faire baptiser ... ; à accepter tel ou tel ministère" ; ou : "Ta famille, ta carrière, ta santé, passent d'abord ..." ; ou même: "Dieu comprend ..."

Jonas paie son billet lui-même (oui - si on ne marche pas dans la voie du Seigneur, on devra payer tout soi-même - tandis que le Seigneur promet de pourvoir à tous les besoins des Siens ... Le diable ne nous paie jamais rien - il prend et il vole ... Jonas doit payer son voyage de sa propre poche - et c'est de l'argent jeté - littéralement par-dessus bord : il ne fera même pas la moitié du trajet !

Jonas s'embarque, et sombre dans le sommeil : v.5b "Jonas descendit au fond du navire, se coucha, et s'endormit profondément.". Les mensonges du diable bercent les désobéissants ... - Jonas oublie ses problèmes ainsi (nous ... ?). Mais voici que la désobéissance de Jonas ne le conduit pas au repos - au contraire - Jonas se trouve vite dans une tempête ! Désobéir à l'appel de Dieu n'empêche pas les difficultés ; au contraire : désobéir à la Parole de Dieu nous conduit dans des difficultés ! Et, encore pire : elle en entraîne d'autres, non-coupables, dans la même détresse. Les marins ont peur - au point qu'ils jettent leur cargaison par-dessus bord (que vont-ils dire quand ils arriveront à destination ... ?) Jonas 1 : 4 Mais l'Eternel fit souffler sur la mer un vent impétueux, et il s'éleva sur la mer une grande tempête. Le navire menaçait de faire naufrage.

La plupart des tempêtes dans nos vies ne viennent pas de Dieu, mais du diable (bien que souvent il accuse Dieu d'en être l'auteur ... - il est frappant de constater combien de gens pensent que Dieu est responsable de leur maladie, de leurs soucis, de leurs problèmes etc.) Il est très important de distinguer les tempêtes envoyées par Dieu de celles causées par le diable. Celles qui viennent du diable doivent être combattues- on prie contre elles ; mais lorsqu'on discerne que Dieu est derrière une tempête qui nous frappe, alors il ne faut pas résister, ou prier pour en être délivré. Il faut d'abord apprendre et accepter la leçon que Dieu veut nous apprendre, et commencer à Lui obéir. Alors, la

prudentculture@gmail.com
prudentculture@yahoo.com
+243 970 610 799
+243 892 479 842

tempête cessera toute de suite - comme ce fut le cas dans l'histoire de Jonas Comment distinguer, alors, les tempêtes qui viennent de Dieu de celles émanant du diable ? En examinant de près la tristesse qu'apporte cette tempête. Toute "tempête" apporte de la tristesse. Mais la tristesse apportée par une tempête qui vient de Dieu est différente de celle apportée par une tempête qui vient du diable : *2 Corinthiens 7 : 10* En effet, la tristesse selon Dieu produit une repentance à salut dont on ne se repent jamais, tandis que la tristesse du monde produit la mort. La tempête réveille Jonas. (Il faut parfois que Dieu nous envoie une tempête afin de nous "réveiller" ...) Dieu avait envoyé cette tempête pour une raison. C'était afin que Jonas renonce à sa désobéissance et à sa fuite, et qu'il revienne à l'Eternel. Jonas est désobéissant, mais il n'est pas insensible. Des croyants désobéissants continuent à entendre la voix et l'appel de Dieu ... Jonas entend le reproche du pilote :

Jonas 1 : 6 Le pilote s'approcha de lui, et lui dit : Pourquoi dors-tu ? Lève-toi, invoque ton Dieu ! Peut-être voudra-t-il Penser à nous, et nous ne périrons pas. ...il ne va être qu'une question de temps avant que la vérité ne soit révélée.

Nombres 32 : 23 Mais si vous ne faites pas ainsi, vous péchez contre l'Eternel ; sachez que votre péché vous atteindra.

La désobéissance semble souvent "réussie" - surtout au début - mais il vient un moment où Dieu, en raison de Son amour pour nous, agit (par une tempête ?), pour nous rappeler à Lui-même, afin que Son plan pour notre vie se remette en route.

Jonas est démasqué :

Jonas 1 : 6-8 Le pilote s'approcha de lui, et lui dit : Pourquoi dors-tu ? Lève-toi, invoque ton Dieu ! Peut-être voudra-t-il Penser à nous, et nous ne périrons pas. 7 Et ils se dirent l'un à l'autre : Venez, et tirons au sort, pour savoir qui nous attire ce malheur. Ils tirèrent au sort, et le sort tomba sur Jonas. Lire la suite. Le capitaine trouve suspect que Jonas dorme pendant une telle tempête. On tire au sort, et le sort tombe sur Jonas. Il se rend compte qu'il est inutile de continuer à désobéir à Dieu et à fuir loin de Lui. Il est sensible aux tourments que les marins endurent par sa faute. Aussi, il prend la décision courageuse de se faire jeter par-dessus bord :

prudentculture@gmail.com
prudentculture@yahoo.com
+243 970 610 799
+243 892 479 842

Jonas 1 : 12 Il leur répondit : Prenez-moi, et jetez-moi dans la mer, et la mer se calmera envers vous ; car je sais que c'est moi qui attire sur vous cette grande tempête. Les marins font tout pour éviter d'en arriver là, mais à la fin il ne leur reste aucune alternative, et :

Jonas 1 : 15 Puis ils prirent Jonas, et le jetèrent dans la mer. Et la fureur de la mer s'apaisa.

Alors, commence le retour de Jonas à la volonté et au plan de Dieu ; la désobéissance donne lieu à l'obéissance. Jonas, ainsi que les marins, ne peuvent que supposer que Jonas est condamné à la noyade. Mais Dieu ne noie pas Ses enfants, Il les sauve. Jésus dit :

Luc 5 : 32 Je ne suis pas venu appeler à la repentance des justes, mais des pécheurs.

Dieu prépare non un sous-marin, mais un poisson : *Jonas 2 : 1* Jonas, dans le ventre du poisson, pria l'Eternel, son Dieu.

Il n'est pas important de savoir de quel genre de poisson il s'agit ; l'essentiel, c'est que Dieu l'a envoyé. Même quand nous quittons Dieu, Dieu ne nous quitte pas. Même si nous Lui tournons le dos, et que nous nous éloignions de Son plan, Il continue à nous aimer. Peut-être que vous ne le suivez pas - mais Lui, Il vous suit ; Il sait exactement où vous vous trouvez, ce que vous faites, ce que vous voulez ... > Dieu dit :

Hébreux 13 : 5 Ne vous livrez pas à l'amour de l'argent ; contentez- vous de ce que vous avez ; car Dieu lui-même a dit : Je ne te délaisserai point, et je ne t'abandonnerai point.

Jérémie 23 : 24 Quelqu'un se tiendra-t-il dans un lieu caché, Sans que je le voie ? dit l'Eternel. Ne remplis-je pas, moi, les cieux et la terre ? dit l'Eternel.

Psaumes 139 : 1-12 Au chef des chantres. De David. Psaume. Eternel ! Tu me sondes et tu me connais, 2 Tu sais quand je m'assieds et quand je me lève, Tu pénètres de loin ma pensée ; Lire la suite

Le témoignage de Jonas lui-même :

prudent.culture@gmail.com
prudentculture@yahoo.com
+243 970 610 799
+243 892 479 842

Jonas 2 : 2-9 Il dit : Dans ma détresse, j'ai invoqué l'Eternel, Et il m'a exaucé ; Du sein du séjour des morts j'ai crié, Et tu as entendu ma voix. 3 Tu m'as jeté dans l'abîme, dans le cœur de la mer, Et les courants d'eau m'ont environné ; Toutes tes vagues et tous tes flots ont passé sur moi. Lire la suite Jonas prie, dans le ventre du poisson (oui - on peut prier n'importe où ... !) Dieu entend - même lorsque nous sommes très loin de Lui. Dieu entend la prière de Jonas, et le sauve : *Jonas 2 : 10* L'Eternel parla au poisson, et le poisson vomit Jonas sur la terre.

Quand est-ce que Dieu sauve ? Quand on prie ! Ce n'est pas quand on se rend compte qu'on est pécheur, qu'on est hors du plan de Dieu, pas même quand on confesse, mais quand on prie, comme le fils prodigue...

A votre avis, qu'est-il arrivé lorsque Jonas s'est trouvé à nouveau à terre ?

Jonas 3 : 1-2 La parole de l'Eternel fut adressée à Jonas une seconde fois, en ces mots : 2 Lève-toi, va à Ninive, la grande ville, et proclames-y la publication que je t'ordonne !

...Exactement le même appel ! Le plan de Dieu avait été retardé, mais il n'avait pas changé. Notre désobéissance ne change pas le plan de Dieu, Ses projets, Son appel. Notre Dieu ne change pas ! Dieu est bien "Tout-Puissant" - mais il reste des choses que même Lui, Il ne sait pas faire - par exemple : mentir ... Et Il ne peut pas changer ! :

Malachie 3 : 16 Alors ceux qui craignent l'Eternel se parlèrent l'un à l'autre ; L'Eternel fut attentif, et il écouta ; Et un livre de souvenir fut écrit devant lui Pour ceux qui craignent l'Eternel Et qui honorent son nom.

...comme Père, comme Fils :

Hébreux 13 : 8 Jésus-Christ est le même hier, aujourd'hui, et éternellement.

Jacques 1 : 17 toute grâce excellente et tout don parfait descendent d'en haut, du Père des lumières, chez lequel il n'y a ni changement ni ombre de variation.

Dieu est immuable - Il ne change jamais d'avis ; Il ne retire jamais Ses promesses ; Il ne change jamais Ses commandements; Il ne change jamais Son appel.

prudentculture@gmail.com
prudentculture@yahoo.com
+243 970 610 799
+243 892 479 842

Romains 11 : 29 Car Dieu ne se repent pas de ses dons et de son appel.

Dieu appelle Jonas de nouveau. Cette fois-ci, Jonas obéit ; il va à Ninive, il y prêche :

Jonas 3 : 4 Jonas fit d'abord dans la ville une journée de marche ; il criait et disait : Encore quarante jours, et Ninive est détruite !

Quel message ! - et quel résultat !

Jonas 3 : 5 Les gens de Ninive crurent à Dieu, ils publièrent un jeûne, et se revêtirent de sacs, depuis les plus grands jusqu'aux plus petits.

Obéir à Dieu apporte toujours une énorme bénédiction - cf. Jésus :

Hébreux 5 : 9 et qui, après avoir été élevé à la perfection, est devenu pour tous ceux qui lui obéissent l'auteur d'un salut éternel,

Romains 5 : 19 Car, comme par la désobéissance d'un seul homme beaucoup ont été rendus pécheurs, de même par l'obéissance d'un seul beaucoup seront rendus justes.

Combien de "Jonas" y a-t-il parmi nous ici, aujourd'hui ? Le Seigneur vous a appelé, Il vous a confié une tâche, Il vous a donné un ordre - mais vous avez refusé, ou hésité à Lui obéir. Que faire ? Dieu est toujours occupé à vous appeler - aujourd'hui encore :

Hébreux 3 : 7-8 C'est pourquoi, selon ce que dit le Saint-Esprit : Aujourd'hui, si vous entendez sa voix, 8 N'endurcissez pas vos cœurs, comme lors de la révolte, Le jour de la tentation dans le désert, obéissez-Lui à partir de cet instant.

Comme par la désobéissance d'un seul homme, beaucoup ont été constitué pécheurs, de même aussi, par l'obéissance d'un seul, beaucoup seront constitués juste. (Romain 5 .19)

L'importance de l'obéissance

Dans tout group social, les notions d'autorité et d'obéissance sont à la base de sa stabilité. Ces notions sont, hélas, de plus en plus difficilement acceptées

prudentculture@gmail.com
prudentculture@yahoo.com
+243 970 610 799
+243 892 479 842

dans nos sociétés. Les comportements qui en découlent sont pourtant essentiels dans la famille, à l'école, dans le village ou la ville.

Obéir c'est se soumettre à une autorité extérieure à soi.

Dans l'A.T et le N.T., ce mot est associé au verbe << écouter >>, car <<obéir >> suppose la connaissance du message à respecter.

C'est bien là tout drame de la désobéissance en Eden, quand nos parents ont refusé d'écouter la parole de Dieu, avec, comme conséquence, l'entrée de l'humanité dans le chaos du péché

Dans le cadre biblique, désobéir, c'est agir sans référence à l'autorité de Dieu, c'est choisir des chemins en dehors de son projet. Ces choix se révèlent rapidement désastreux comme le montre l'histoire de l'humanité

La désobéissance engendre le péché, donc la séparation d'avec Dieu, c'est-à-dire la mort : *tu mangeras librement de tout arbre du jardin ; mais de l'arbre de la connaissance du bien et du mal, tu n'en mangeras pas ; car, au jour où tu mangeras tu mourras certainement (Genèse 2.16, 17)*

Le rétablissement de vraies relation avec Dieu, seules garantes de la vie et de l'équilibre, nécessitera la mort sur la croix du fils de Dieu et sa résurrection. C'est l'obéissance de Jésus à son Dieu qui triomphe de la désobéissance de l'homme : (*il est devenu obéissant jusqu'à la mort, et à la mort de la croix) phil.2.8.* Cette obéissance est liée à sa condition d'homme et à ses souffrances. Il l'a apprise en se comportant toujours comme le fils soumis à la volonté de son Père. Aussi l'auteur de l'épitre aux Hébreux nous dit : *Bien qu'il fût fils (Jésus) a appris l'obéissance par tout ce qu'il a souffert. Et, parfaitement accompli, il est devenu, pour tous ceux qui lui obéissent, l'auteur du salut éternel (Hébreux.5.8, 9).*

Ainsi, par son obéissance à Dieu, Jésus nous ouvre le chemin de la vie éternelle, c'est-à-dire la présence de Dieu.

3. **LA PROFONDEUR DE L'ÉPREUVE**

Une autre histoire connue de tous est celle de Daniel dans la fosse aux lions. Y a-t-il des gens parmi nous qui se trouvent dans une fosse aux lions ? Pas au sens littéral du mot bien sûr, mais une fosse aux lions figurative. La fosse aux

prudentculture@gmail.com
prudentculture@yahoo.com
+243 970 610 799
+243 892 479 842

lions était une invention particulièrement cruelle pour exécuter des criminels, avec des lions très mal nourris, pour être sûr que leur travail serait fait efficacement ! Mais Daniel n'était pas un criminel. Au contraire, il est mentionné dans la liste des héros de la foi en Hébreux 11.

Tout le livre de Daniel témoigne de sa foi et de son intégrité :

Daniel 6 : 4 Alors les chefs et les satrapes cherchèrent une occasion d'accuser Daniel en ce qui concernait les affaires du royaume. Mais ils ne purent trouver aucune occasion, ni aucune chose à reprendre, parce qu'il était fidèle, et qu'on n'apercevait chez lui ni faute, ni rien de mauvais.

Daniel a environ 90 ans, et il a servi l'Éternel fidèlement toute sa vie. Même ses ennemis jaloux sont impressionnés par sa foi. Ceux-ci réussissent à pousser le roi Darius à signer un décret qui défend d'adresser des prières à quelque dieu que ce soit, sauf au roi lui-même, pendant une période de 30 jours. Daniel, ayant pris connaissance de ce nouveau décret, rentre chez lui du bureau à l'heure habituelle. Osera-t-il maintenant faire sa prière à haute voix, devant sa fenêtre ouverte, dans la direction de Jérusalem, comme il l'a fait tous les jours depuis au moins 75 ans ?

"Réfléchis bien, Daniel. Si tu désobéis au décret du roi, et que l'on découvre ta désobéissance, alors la fosse aux lions te menace ! Ne ferais-tu pas mieux de cesser tes prières ? Est-ce que Dieu Se fâchera contre toi pour cela ? Il comprendra tout de même que tu te trouves dans une situation difficile. D'ailleurs, Dieu connaît ton cœur, Daniel, Il tiendra certainement compte des circonstances, ainsi que de ta fidélité depuis 75 ans. Cesse de prier pendant 30 jours - ce n'est que 30 jours - ou, au moins, ne prie que silencieusement. Ne joue pas au héros, Daniel. Les lions ne font aucune distinction entre des héros et des lâches ! Ne donne pas la victoire à tes ennemis - qui sont également des ennemis de Dieu. Et ne pense pas seulement à toi-même, tes compatriotes en exil ont besoin de toi. Que feront-ils, qui défendra leurs intérêts, si Darius te jette aux lions ?"

Mais Daniel ne compromet pas sa foi pour sauver sa peau. Il n'"adapte" pas sa foi aux circonstances. Il n'arrête point de prier. Il ne prie pas en secret. Il rentre chez lui et il fait sa prière à haute voix, devant sa fenêtre ouverte, dans la direction de Jérusalem, comme il l'a fait tous les jours depuis au moins 75 ans,

prudentculture@gmail.com
prudentculture@yahoo.com
+243 970 610 799
+243 892 479 842

mettant ainsi en pratique ce que l'apôtre Pierre dira aux chefs juifs cinq siècles plus tard :

Actes 5 : 29 Pierre et les apôtres répondirent : Il faut obéir à Dieu plutôt qu'aux hommes.

Daniel prie à haute voix, devant sa fenêtre ouverte, dans la direction de Jérusalem. Et les agents de ses ennemis se trouvent juste au-dessous de sa fenêtre.

Daniel est prêt à payer le prix pour sa foi en Dieu. Nous aussi ?

Luc 14 : 26-27 Si quelqu'un vient à moi, et s'il ne hait pas son père, sa mère, sa femme, ses enfants, ses frères, et ses sœurs, et même sa propre vie, il ne peut être mon disciple. 27 Et quiconque ne porte pas sa croix, et ne me suit pas, ne peut être mon disciple.

Les ennemis de Daniel :

Daniel 6 : 12-18 Puis ils se présentèrent devant le roi, et lui dirent au sujet de la défense royale : N'as-tu pas écrit une défense portant que quiconque dans l'espace de trente jours adresserait des prières à quelque dieu ou à quelque homme, excepté à toi, ô roi, Serait jeté dans la fosse aux lions ? Le roi répondit : La chose est certaine, selon la loi des Mèdes et des Perses, qui est immuable. 13 Ils prirent de nouveau la parole et dirent au roi : Daniel, l'un des captifs de Juda, n'a tenu aucun compte de toi, ô roi, ni de la défense que tu as écrite, et il fait sa prière trois fois le jour. Lire la suite

Quelle est la profondeur de l'amour de Dieu ? Satan a gagné. Daniel est dans la fosse aux lions. Dieu a abandonné le serviteur qui Le sert fidèlement depuis 75 ans. Du moins, c'est ce qu'il semble au roi, à Daniel et à ses ennemis. Nous sommes mieux renseignés, mais nous avons déjà lu jusqu'à la fin du chapitre, tandis que Daniel, ses ennemis et le roi ont lu seulement jusqu'au v.17! Daniel passe la nuit chez les lions affamés, dans leur fosse remplie d'excréments et d'os humains à moitié dévorés ! Je crois que Daniel a bien dormi dans la fosse aux lions, tandis que le roi Darius, lui, couché sur son grand lit luxueux et confortable, entre des draps de lit en soie, n'a pas fermé l'œil :

prudentculture@gmail.com
prudentculture@yahoa.com
+243 970 610 799
+243 892 479 842

Daniel 6 : 19 Le roi se leva au point du jour, avec l'aurore, et il alla précipitamment à la fosse aux lions.

Daniel 6 : 20-24 En s'approchant de la fosse, il appela Daniel d'une voix triste. Le roi prit la parole et dit à Daniel : Daniel, serviteur du Dieu vivant, ton Dieu, que tu sers avec persévérance, a-t-il pu te délivrer des lions ? 21 Et Daniel dit au roi : Roi, vis éternellement ? Lire la suite

Frères et sœurs, vous qui vous trouvez dans un puits d'épreuve, Dieu est là pour vous protéger. Contrairement à l'enseignement de certains, Dieu ne nous promet pas une vie sans épreuves, sans orages, sans tempêtes. Parfois Il calme la tempête, mais parfois Il permet que nous la traversions. Mais même :

Psaumes 22 : 4 Pourtant tu es le Saint, tu sièges au milieu des louanges d'Israël.

Dieu promet de garder les Siens :

2 Chroniques 16 : 9 Car l'Eternel étend ses regards sur toute la terre, pour soutenir ceux dont le cœur est tout entier à lui. Tu as agi en insensé dans cette affaire, car dès à présent tu auras des guerres.

Dieu n'a pas empêché Darius de jeter Daniel dans la fosse aux lions, mais Il y a envoyé Son ange pour protéger Daniel et fermer la gueule des lions !

Psaumes 34 : 8 L'ange de l'Eternel campe autour de ceux qui le craignent, Et il les arrache au danger.

Psaumes 91 : 1-12 Celui qui demeure sous l'abri du Très-Haut Repose à l'ombre du Tout Puissant. 2 Je dis à l'Eternel : Mon refuge et ma Dieu forteresse, Mon en qui je me confie ! Lire la suite

Psaumes 125 : 1-2 Cantique des degrés. Ceux qui se confient en l'Eternel Sont comme la montagne de Sion : elle ne chancelle point, Elle est affermie Pour toujours. 2 Des montagnes entourent Jérusalem ; Ainsi l'Eternel entoure son peuple, Dès maintenant et à jamais.

Esaïe 43 : 1-3 Ainsi parle maintenant l'Eternel, qui t'a créé, ô Jacob ! Celui qui t'a formé, ô Israël ! Ne crains rien, car je te rachète, Je t'appelle par ton nom : tu es à moi ! 2 Si tu traverses les eaux, je serai avec toi ; Et les fleuves, ils ne te

prudentculture@gmail.com
prudentculture@yahoo.com
+243 970 610 799
+243 892 479 842

submergeront point ; Si tu marches dans le feu, tu ne te brûleras pas, Et la flamme ne t'embrasera pas. Lire la suite

Dieu a envoyé Son ange dans le puits où Daniel se trouvait- la fosse aux lions. L'ange a "fermé la gueule des lions". Comment ? Moi, je crois que l'ange leur a parlé, en leur disant : "Ecoutez, lions, je sais que vous avez faim, mais j'ai une proposition à vous faire. Ne mangez pas le vieux Daniel. La chair d'un vieil homme de 90 ans n'est pas tendre du tout. Si vous ne touchez pas au vieux Daniel, et que vous le laissiez tranquille, demain je vous donnerai en abondance de la viande bien plus succulente. Les lions ont écouté l'ange, et Dieu a tenu parole :

Daniel 6 : 25 Après cela, le roi Darius écrivit à tous les peuples, à toutes les nations, aux hommes de toutes langues, qui habitaient sur toute la terre : Que la paix vous soit donnée avec abondance !

Parfois Dieu nous protège de l'épreuve ; parfois Il nous protège dans l'épreuve. L'amour de Dieu est assez profond pour descendre dans votre fosse aux lions.

Conclusion : Quel que soit le puits dans lequel vous vous trouvez aujourd'hui : un puits de péché, un puits de désobéissance ou un puits d'épreuve, Jésus descend dans votre puits pour vous protéger contre les lions rugissants et diaboliques qui essaient de vous dévorer, et pour vous en sortir à la gloire de Son Nom.

prudentculture@gmail.com
prudentculture@yahoo.com
+243 970 610 799
+243 892 479 842

COMMENT TOUCHER DIEU DANS UNE DIMENSION SUPERIEURE ET SORTIR DE L'IMPASSE ?

J'ai évoqué la nécessité d'éviter d'être statique mais de toujours viser le niveau supérieur dans notre vie spirituelle. En effet, dans toute relation avec Dieu, il existe différents paliers. J'ai mentionné qu'il était essentiel de se livrer à Dieu de manière à se remplir de sa présence. Parce qu'il existe une dimension, un niveau de présence divine en toi que toute stérilité dans ta vie, toute maladie, tout démon, tout célibat prolongé… ne vont pas pouvoir supporter.

Le post invitait à laisser Dieu s'incarner en soi et occuper l'espace comme il faut parce que là où Dieu est pleinement installé, aucun blocage ne peut subsister. Les lignes qui suivent répondent à la question comment faire pour franchir ce niveau supérieur ?

Cet article aurait aussi pu s'intituler comment améliorer sa relation avec Dieu ? Ou comment augmenter sa révélation de Dieu ? Pour y répondre, permets-moi de te poser quelques questions :

Comment as-tu fait pour trouver ton appartement ou ta maison actuelle ?

Tu l'as bien cherché non ? Tu as contacté plusieurs agences immobilières, tu as alerté amis et tes proches. Tu as préparé les fiches de paie appropriées…

Tu t'es montré déterminé, tu as persévéré et tu ne t'es pas arrêté avant d'avoir trouvé cet appartement ou cette maison.

Pour progresser dans ta foi, je t'invite à faire preuve de la même détermination. Commence par supplier Dieu de t'ouvrir les yeux. Cherche-lé ardemment. Décide de livrer une guerre sans merci au péché dans ta vie. Multiplie tes connexions avec des passionnés de Dieu. Cherche Dieu à travers l'écoute d'enseignements, de témoignages… Trouve-toi une église de fidèles embrasés par Dieu où tu pourras être suivi et enflammé spirituellement.

Sois déterminé, persévère et ne t'arrête pas jusqu'à l'avoir trouvé et même quand tu l'auras trouvé, cherche à aller en profondeur avec lui.

Tu vas alors constater qu'au fur et à mesure que tu vas t'approcher de lui, tes forteresses vont tomber. Tes cauchemars vont diminuer, les démons qui t'attaquaient vont progressivement lâcher prise.

prudentculture@gmail.com
prudentculture@yahoo.com
+243 970 610 799
+243 892 479 842

A un moment tu seras tellement surprise par ce que Dieu va te faire vivre que tu ne pourras le garder pour toi-même ; tu commenceras à évangéliser.

Tu auras envie de crier au monde entier que Jésus est vivant et qu'il est la solution !

Avant de connaître Dieu, j'étais très souvent malade, dépressive, timide...

A ma conversion par la grâce de Dieu, j'avais cessé d'être maladive. Mais je continuais d'être attaquée dans mes rêves. J'y mangeais souvent, parfois je me voyais en train d'avoir des bagarres avec des inconnus. Je me souviens qu'une fois j'avais été mordue par un chien. J'étais très triste et je me demandais pourquoi toutes ces choses m'arrivaient malgré ma foi.

Mais je n'ai jamais cessé de chercher Dieu en lisant et méditant sa parole, en écoutant toutes sortes de prédications sur tous les thèmes, ainsi que des témoignages.

A un moment donné l'ennemi avait commencé à m'attaquer, non plus dans mes rêves, mais dans ma vie réelle. Ces attaques avaient été l'occasion pour moi de renforcer mes connaissances en ce qui concerne mon identité en Christ, la puissance du sang de Jésus, de son calvaire, le combat spirituel...

J'avais beaucoup crié à Dieu dans ce moment difficile. Je me souviens que c'est dans cette période que j'ai appris à entendre sa voix, ses instructions...

Le déclic pour entendre Dieu s'était produit après que j'aie écouté une prédication sur l'intimité avec Dieu.

A partir de ce jour, le Saint-Esprit avait commencé à me réveiller en pleine nuit pour que je prie. Il me donnait des révélations que je prenais le soin de noter à chaque fois. Quelques temps après avoir écouté toute une série d'enseignement sur le Saint Esprit, j'avais reçu le baptême du Saint Esprit.

Ma foi a particulièrement fait un bond quand j'ai commencé à utiliser mon autorité en Christ pour triompher des combats que je traversais. Les victoires alors obtenues ont boosté ma foi et m'ont fait prendre conscience de la réalité de la puissance de Dieu. C'est de cette façon que j'ai progressivement franchi des paliers avec Dieu.

prudentculture@gmail.com
prudentculture@yahoo.com
+243 970 610 799
+243 892 479 842

Aujourd'hui, je ne fais plus de cauchemars, je sens une présence en moi qui éloigne les mauvaises choses et les mauvaises personnes. A chaque fois que des gens veulent me tendre un piège ils finissent par tomber dans « la fosse » qu'ils ont creusée pour moi.

J'ai découvert la puissance qu'il y'a à adorer Dieu dans la prière. Je sens la main puissante de Dieu qui organise ma vie. Je n'ai plus peur de rien car j'ai vu et expérimenté la puissance de Dieu. Je continue à le chercher et je m'applique à exécuter ses ordonnances parce que je sais que l'obéissance déclenche toutes sortes de grâces de la part de Dieu.

Donc pour changer de dimension avec Dieu, il faut sincèrement le désirer, être déterminé, persévérer même si dans les premiers moments on a l'impression qu'il ne se passe pas grand-chose : « Vous me chercherez, et vous me trouverez, si vous me cherchez de tout votre cœur ». Jérémie 29,13

Ensuite comme je l'ai précisé, il faut être radical avec le péché car la pratique du péché est l'une des raisons pour lesquelles plusieurs ne parviennent pas à décoller avec Dieu : « Non, la main de l'Eternel n'est pas trop courte pour sauver, Ni son oreille trop dure pour entendre. Mais ce sont vos crimes qui mettent une séparation Entre vous et votre Dieu ; Ce sont vos péchés qui vous cachent sa face Et l'empêchent de vous écouter ». Esaïe 59, 1

Par ailleurs beaucoup ne se sont jamais franchement engagés à la suite de Jésus. Ces personnes ne se sont jamais vraiment repenties et n'ont jamais authentiquement connu Dieu. Elles pensent qu'on peut se considérer comme fils de Dieu juste parce qu'on est d'accord avec ce que dit la bible. Or ce n'est justement pas ce que nous dit la parole de Dieu :

« Mais quelqu'un dira : Toi, tu as la foi ; et moi, j'ai les œuvres. Montre-moi ta foi sans les œuvres, et moi, je te montrerai la foi par mes œuvres. Tu crois qu'il y a un seul Dieu, tu fais bien ; les démons le croient aussi, et ils tremblent. Veux-tu savoir, ô homme vain, que la foi sans les œuvres est inutile ? » Jacques 2, 18

Engagement ferme, sainteté, détermination, persévérance sont donc les secrets pour aller de gloire en gloire avec Dieu et donc de victoire en victoire. Au fur et à mesure que Dieu va vous remplir vous allez voir vos forteresses

prudentculture@gmail.com
prudentculture@yahoo.com
+243 970 610 799
+243 892 479 842

tomber jusqu'au jour où il ne restera plus rien et que vous pourrez commencer à le témoigner au monde entier.

Engagez-vous donc aujourd'hui à fond avec Dieu, car comme sa parole nous l'affirme dans 1 Corinthiens 3, 17 : « là où est l'Esprit du Seigneur, là est la liberté ».

***IMPORTANT**

Si tu n'as pas encore fait la paix avec Dieu et que tu souhaites changer complètement tes circonstances et accéder à la vraie vie, celle qui n'a pas de fin, adresse-toi à Dieu en ces termes :

« Je crois Dieu que tu m'aimes et que tu es venu en chair sous la forme de Jésus Christ pour que je puisse changer de vie, entrer en relation avec toi et vivre la vraie vie, la vie éternelle.

Je n'en suis pas digne, mais dis seulement une parole et je serai acquitté(e)

Seigneur Jésus, je veux changer de vie, manifestes-toi, viens dans mon cœur, je te reçois maintenant comme mon maître et mon libérateur ».

Si vous avez déclaré ces paroles du fond de votre cœur, à l'instant même où vous avez remis votre vie au seigneur Jésus, la vérité de la parole de Dieu s'est accomplie dans votre vie. Vous avez reçu sa vie éternelle. Vous êtes sauvé et êtes entré dans un parcours inédit avec Dieu qui ne cessera jamais, mais transformera à jamais votre vie.

C'est avec assurance que vous pouvez désormais le solliciter pour toutes vos situations car il dit dans sa parole que : « Si vous demeurez en moi, et que mes paroles demeurent en vous, demandez ce que vous voudrez, et cela vous sera accordé ». Jean 15 : 7

prudentculture@gmail.com
prudentculture@yahoo.com
+243 970 610 799
+243 892 479 842

COMMENT ATTIRER L'ONCTION SUR SA VIE

Le Saint-Esprit vient sur nous pour nous utiliser, et ce qui nous donne l'onction c'est la grâce de Dieu. Dieu nous donne l'onction par grâce mais plusieurs choses peuvent attirer l'onction sur nos vies et faciliter sa manifestation. Je partage mes notes de cet enseignement sur 3 choses qui peuvent attirer l'onction dans nos vies.

1. UNE VIE DE SERVICE OU ENCORE AVOIR UN CŒUR DE SERVITEUR.

L'Eternel parlait avec Moïse face à face, comme un homme parle à son ami. Puis Moïse retournait au camp ; mais son jeune serviteur, Josué, fils de Noun, ne sortait pas du milieu de la tente. (Exode 33 :11) Et Josué, fils de Noun, serviteur de Moïse depuis sa jeunesse, prit la parole et dit : Moïse, mon seigneur, empêche-les ! (Nombres 11 :28) Josué, fils de Noun, ton serviteur, y entrera ; fortifie-le, car c'est lui qui mettra Israël en possession de ce pays. (Deutéronome 1 :38) Après la mort de Moïse, serviteur de l'Eternel, l'Eternel dit à Josué, fils de Noun, serviteur de Moïse... (Josué 1 :1). Même après la mort de Moise, Josué est toujours appelé serviteur de Moise. Après ces choses, Josué, fils de Noun, serviteur de l'Eternel, mourut, âgé de cent dix ans. (Josué 24 :29) Principe Biblique : Avant d'être serviteur de Dieu, il faut être serviteur d'un serviteur de Dieu. Seigneur, donne-nous un cœur de serviteur. Que faisait Josué en tant que serviteur de Moise ? Une de ses responsabilités, c'était juste d'écrire (Exode 17 : 14). Que faisait Élisée ? Quelles étaient ses responsabilités ? Il versait de l'eau sur les mains d'Elie (2 rois 3 :11) Que faisait Timothée ? Timothée apportait des choses à Paul (2 Timothée 4 :13). Les disciples faisaient des courses pour Jésus.

Principe Biblique : Dieu commence par nous donner des taches assez insignifiantes mais c'est un test. Pourquoi Dieu cherche à former en nous un cœur de service avant de déverser sur nous le niveau d'onction qu'il veut nous donner ? Parce qu'utiliser l'onction avec de mauvaises dispositions peut faire plus de mal que de bien. Il faut d'abord être brisé. Dieu nous brise souvent dans les moments d'anonymat. L'humilité attire l'onction. Servir les autres augmentent également l'onction. Dieu donne l'onction pour un but, pour faire du bien aux autres et pas juste pour mon propre plaisir. Il y a beaucoup de

prudentculture@gmail.com
prudentculture@yahoo.com
+243 970 610 799
+243 892 479 842

vases vides que Dieu désire remplir. Remplir la vie des autres augmentent l'onction.

2. Une vie de prière

La prière n'est pas la base de l'onction. Mais le canal de l'onction, c'est la prière. Voilà pourquoi il est si important de développer une véritable vie de prière ! (Luc 3 :21, Actes 1) L'onction se reçoit souvent dans la prière et dans la présence de Dieu.

3. Une vie d'adoration

L'adoration attire l'onction. Le Saint-Esprit vient pour glorifier Jésus. Du coup un des moyens puissants qui permette que l'onction coule continuellement sur nos vies, c'est l'adoration. Nous voulons avoir l'onction mais nous ne cherchons pas la puissance mais plutôt la présence permanente de Dieu. Pourquoi ? La puissance est cachée dans la présence et l'adoration attire la présence de Dieu. Le secret pour avoir la puissance, c'est de chercher la présence manifeste de Dieu. Dans la Bible la présence précède toujours la puissance. Si l'on essaye de chercher la puissance sans la présence on peut se retrouver du côté de l'ennemi car il n'y a pas que la puissance de Dieu qui existe dans le monde spirituel. Satan était le chérubin oint et il a une certaine onction puisque les dons et les appels de Dieu sont irrévocables.

Exemples :

Psaume 63 :1-2 : David cherche la face de Dieu, le fait qu'il ait soif de Dieu montre qu'il recherche la présence. Ce n'est qu'après avoir cherché la présence qu'il a vu la puissance. Philippiens 3:8 : je même plus loin : tout c en quoi je pourrais me confier, je le considère comme une perte à cause de ce bien suprême : la connaissance de Jésus-Christ mon seigneur. A cause de lui j'ai accepté de perdre tout cela, oui, je le considère ici aussi, Paul veut d'abord connaitre Christ (verset 8) avant de contempler Sa puissance (verset 10). Du moment qu'on a la présence manifeste de Dieu, on n'a pas à s'inquiéter de la puissance, car la puissance, c'est la présence en action. Seigneur, encore plus de Ta présence dans nos vies! Amen Avez-vous reçu Jésus-Christ, Le merveilleux Sauveur des hommes dans votre vie ? Si votre réponse est non découvrez comment le rencontrer et expérimenter une transformation radicale de votre vie.

prudentculture@gmail.com
prudentculture@yahoo.com
+243 970 610 799
+243 892 479 842

La grandeur de Dieu, une source de réconfort

Lisez | PSAUMES 89.2-11

Les appels à l'aide de David remplissent bon nombre de pages du livre des Psaumes. Ses prières, un mélange de demandes et de louanges, évoquent la grandeur de Dieu, son amour, sa puissance et sa protection. Quand nous prions en reconnaissant les merveilleux attributs de Dieu, nous nous souvenons qu'il a la sagesse, la force et la compassion nécessaires pour répondre à tous nos besoins. Voici quelques exemples de ce genre de prière.

• « Où irais-je loin de ton Esprit, et où fuirais-je loin de ta face ? » (Ps 139.7.) Dieu est partout. Le temps et l'espace ne l'arrêtent pas, et il est toujours conscient de nous. Même lorsque nous nous sentons isolés ou abandonnés, nous ne sommes pas seuls, puisque la présence de Dieu remplit le monde.

• « Notre Seigneur est grand, puissant par sa force, son intelligence n'a point de limite » (Ps 147.5). Dieu connaît tout. Lorsque nous nous agenouillons pour le prier, il connaît déjà nos sentiments et les besoins que nous lui présenterons. Nous pouvons donc être assurés de sa direction quand nous la lui demandons, si nous nous soumettons à sa volonté.

• « [Le] Père des lumières, chez lequel il n'y a ni changement ni ombre de variation » (Jan 1.17). La constance caractérise Dieu. Puisqu'il est toujours fidèle et clément, nous pouvons toujours nous confier en lui.

Quand nous nous rappelons un attribut du Père qui répond à nos besoins, nous nous concentrons sur le Seigneur plutôt que sur nos requêtes. En intégrant la louange à nos prières, nous demandons moins, louons mieux et recevons plus parce que nous focalisons sur les bonnes choses.

La grandeur de Dieu

O profondeur de la richesse, de la sagesse et de la connaissance de Dieu ! Que ses jugements sont insondables et ses voies incompréhensibles ! En effet, qui a connu la pensée du Seigneur, ou qui a été son conseiller ? Qui lui a donné le premier, pour qu'il ait à recevoir en retour ? Tout est de lui, par lui et pour lui !

prudentculture@gmail.com
prudentculture@yahoo.com
+243 970 610 799
+243 892 479 842

À lui la gloire dans tous les siècles. Amen *! (Romains 11 : 33-36)* Comment décrire la grandeur de Dieu ? Comment comprendre Celui qui est éternel, tout puissant, omniscient, et omniprésent ? Le fait que Dieu connaît tout, qu'Il est partout, qu'Il est plus puissant que tout, qu'Il reste souverain sur tout ce qui se passe nous encourage grandement tous les jours. Nous qui connaissons Dieu, nous pouvons dire avec tout notre cœur « ***Dieu est plus grand.*** » Nous savons que Dieu est le plus grand. Il n'y a personne ni chose plus grande que Lui. Les exemples de la grandeur de Dieu sont nombreux dans ce monde. Nous pouvons voir la grandeur de sa puissance dans sa création et la grandeur de sa miséricorde dans la vie que Dieu nous accorde. La grandeur de sa justice se voit dans ses jugements dans ce monde et dans la réalité de l'enfer. L'homme ne peut pas éviter la justice de Dieu. Soit ici, soit plus tard, ce que nous avons fait sera jugé selon sa justice parfaite. Mais où pouvons-nous découvrir la manifestation de son grand amour ? Dieu est celui qui est le plus grand. Les autres perfections de Dieu sont démontrées dans ce monde, alors, comment Dieu a-t-il dévoilé son amour ? Où pouvons-nous voir un amour qui ne contredire ni sa justice, ni sa sainteté, ni sa miséricorde ? « L'être le plus grand être possible [Dieu], a exprimé la plus grande éthique possible [amour], dans la manière la plus grande possible [sacrifice] Que pensez-vous de l'idée de l'incarnation de Dieu ? J'entends souvent que Dieu est trop grand pour devenir un homme. Mais il ne faut pas oublier ce que l'ange Gabriel disait à Marie : « Car, rien n'est impossible à Dieu » (Luc 1.37). Nous, les êtres humains, nous sommes limités. Mais nous ne pouvons pas limiter Dieu, surtout quand Dieu lui-même révèle cela dans les Écritures. Dans Jean 1 :14 nous voyons que la Parole a été faite chair. « La Parole a été faite chair, et elle a habité parmi nous, pleine de grâce et de vérité ; et nous avons contemplé sa gloire, une gloire comme celle du Fils unique venu du Père » (Jean 1 : 14). C'est clair que "la Parole" dans ce verset est Dieu. « Au commencement était la Parole, et la Parole était avec Dieu, et la Parole était Dieu. Elle était au commencement avec Dieu » (Jean 1.1-2). Comment Dieu a-t-Il été fait chair ? Dans d'autres mots, comment se passe l'incarnation de Dieu ? Dieu est un seul Dieu. Mais au même moment il existe en trois personnes. Je ne parle pas de trois Dieux. Il y a un seul Dieu, mais il existe depuis éternité dans sa nature comme Père, Fils, et Saint-Esprit. À un moment donné (son incarnation) Dieu a ajouté la nature humaine à sa nature. C'est un mystère, mais c'est révélé dans les Saint Écritures. Les

prudentculture@gmail.com
prudentculture@yahoo.com
+243 970 610 799
+243 892 479 842

événements autour de la naissance de Jésus sont des preuves que Jésus est l'incarnation de Dieu. Les Écritures parlent du Père et du Fils. C'est Dieu le Père qui a envoyé son Fils. « Car Dieu a tant aimé le monde qu'il a donné son Fils unique, afin que quiconque croit en lui ne périsse pas, mais qu'il ait la vie éternelle. Dieu, en effet, n'a pas envoyé son Fils dans le monde pour juger le monde, mais pour que le monde soit sauvé par lui » (Jean 3.16-17). Que pensez-vous de la crucifixion de Jésus ? Si Jésus était simplement un homme, sa crucifixion est une histoire triste et terrible. Mais si Jésus est l'incarnation de Dieu, la crucifixion est l'événement le plus important qui n'a jamais eu lieu dans ce monde. Rien ne peut se passer dans ce monde sans la permission de Dieu. La crucifixion de Christ n'était pas seulement permise, elle était même ordonnée par Dieu. « Vous savez en effet que ce n'est point par des choses périssables argent ou or que vous avez été rachetés de la vaine manière de vivre, héritée de vos pères, mais par le sang précieux de Christ, comme d'un agneau sans défaut et sans tache ; il a été désigné d'avance, avant la fondation du monde, et manifesté à la fin des temps, à cause de vous » (1 Pierre 1.18-20). Jésus Christ, pouvait-il satisfaire les exigences de la justice de Dieu et au même moment nous montre sa miséricorde et grand amour ? Oui, c'est à la croix où nous pouvons voir la justice parfaite de Dieu ensemble avec son grand amour. Voici l'explication de Jean, un disciple de Jésus Christ : « Et cet amour consiste non pas en ce que nous avons aimé Dieu, mais en ce qu'il nous a aimés et qu'il a envoyé son Fils comme victime expiatoire pour nos péchés » (1 Jean 4 : 10). Que veut dire « victime expiatoire » ? C'est les mots associés avec les sacrifices exigés par Dieu dans l'Ancien Testament. Jean Baptiste a compris le sens de ce mot quand il a indexé Jésus en disant, « Voici l'Agneau de Dieu, qui ôte le péché du monde » (Jean 1.29). Comme les sacrifices servaient comme moyen de couvrir le péché, ainsi le sacrifice de Jésus Christ sur la croix a servi comme moyen de payer le salaire de nos péchés. Son sacrifice n'a pas seulement couvert nos péchés, son sacrifice les a ôtés. Voyez-vous l'amour de Dieu ? Nous sommes des pécheurs qui ne méritent rien. Dieu est le tout-puissant qui n'a besoin de rien. Mais, à cause de son grand amour, Dieu a pourvu un moyen de nous sauver en payant Lui-même le salaire de notre péché.

Regardez l'explication de l'apôtre Paul :

prudentculture@gmail.com
prudentculture@yahoo.com
+243 970 610 799
+243 892 479 842

« Car il n'y a pas de distinction : tous ont péché et sont privés de la gloire de Dieu ; et ils sont gratuitement justifiés par sa grâce, par le moyen de la rédemption qui est dans le Christ-Jésus. C'est lui que Dieu a destiné comme moyen d'expiation pour ceux qui auraient la foi en son sang, afin de montrer sa justice. Parce qu'il avait laissé impunis les péchés commis auparavant au temps de sa patience, il a voulu montrer sa justice dans le temps présent, de manière à être (reconnu) juste, tout en justifiant celui qui a la foi en Jésus » (Romains 3.23-26).

Le mot « rédemption » indique le payement nécessaire pour racheter quelqu'un qui avait une dette. Ce que Christ a donné pour nous sauveur, c'est sa vie, son propre sang. Imaginez, Jésus Christ, en tant que l'homme donnant son sang comme un agneau parfait, et en tant que Dieu, donnant sa vie parfaite pour nous. Dieu lui-même payant notre dette en devenant un homme, en mourant sur la croix, en donnant sa vie pour nos péchés. Nous savons que son sacrifice a été accepté par sa résurrection. Voilà l'assurance de l'amour de Dieu pour nous.

« Mais en ceci, Dieu prouve son amour envers nous : lorsque nous étions encore pécheurs, Christ est mort pour nous. À bien plus forte raison, maintenant que nous sommes justifiés par son sang, serons-nous sauvés par lui de la colère » (Romains 5.8-9).

Pensant à cet amour, nous pouvons tirer une conclusion : rien ne peut nous séparer de son amour :

« Que dirons-nous donc à ce sujet ? Si Dieu est pour nous, qui sera contre nous ? Lui qui n'a pas épargné son propre Fils, mais qui l'a livré pour nous tous, comment ne nous donnera-t-il pas aussi tout avec lui, par grâce ? Qui accusera les élus de Dieu ? Dieu est celui qui justifie ! Qui les condamnera ? Le Christ-Jésus est celui qui est mort ; bien plus, il est ressuscité, il est à la droite de Dieu, et il intercède pour nous ! Qui nous séparera de l'amour de Christ ? La tribulation, ou l'angoisse, ou la persécution, ou la faim, ou le dénuement, ou le péril, ou l'épée ? Selon qu'il est écrit : À cause de toi, l'on nous met à mort tout le jour. On nous considère comme des brebis qu'on égorge. Mais dans toutes ces choses, nous sommes plus que vainqueurs par celui qui nous a aimés. Car je suis persuadé que ni la mort, ni la vie, ni les anges, ni les dominations, ni le présent, ni l'avenir, ni les puissances, ni les êtres d'en-haut, ni ceux d'en bas, ni aucune autre créature ne pourra nous séparer de l'amour de Dieu en Christ-Jésus notre Seigneur » (Romains 8.31-39).

« Car le salaire du péché, c'est la mort ; mais le don gratuit de Dieu, c'est la vie éternelle en Christ-Jésus notre Seigneur » (Romains 6.23).

Ne limitez pas la grandeur Dieu. Ce qu'il a fait pour nous dépasse notre compréhension. Mais c'est vrai. Ce que Dieu demande c'est la repentance et la foi. Repentez-vous de vos péchés et recevez par la foi Jésus Christ comme votre Seigneur et Sauveur personnel.

« Si tu confesses de ta bouche le Seigneur Jésus, et si tu crois dans ton cœur que Dieu l'a ressuscité d'entre les morts, tu seras sauvé. Car en croyant du cœur on parvient à la justice, et en confessant de la bouche on parvient au salut, selon ce que dit l'Écriture : Quiconque croit en lui ne sera pas confus. Il n'y a pas de différence, en effet, entre le Juif et le Grec : ils ont tous le même Seigneur, qui est riche pour tous ceux qui l'invoquent. Car quiconque invoquera le nom du Seigneur sera sauvé. » (Romains 10.9-13).

Doutez-vous que Dieu vous aime ? Ne doutez plus. La preuve de son amour c'est son sacrifice pour vous.

« Mais en ceci, Dieu prouve son amour envers nous : lorsque nous étions encore pécheurs, Christ est mort pour nous. » (Romains 5.8)

« Ils jubileront et se réjouiront en toi tous ceux qui te cherchent ; ils rediront toujours : « Dieu est grand ! » ceux qui aiment ton salut ! » (Psaume 70 : 5, Bible de Jérusalem, 1979)

← La mort de Jésus-Christ L'Evangile selon Jean : Leçon 1 →

"La grandeur de Dieu"

En vérité personne ne peut pas échappera la justice de Dieu…2 *Corinthiens 5 : 11 – 13* ; frères et sœurs …vous projetaient ce document riche en enseignement et vous glissez un serpent ?

En forçant les chrétiens de croire que Jésus est Dieu…qu'est ce vous voulez ? Jean qui a écrit ce que vous insistez a dit"

prudentculture@gmail.com
prudentculture@yahoo.com
+243 970 610 799
+243 892 479 842

Jean 20 : 31...que nous croyons que Jésus est le Fils de Dieu et en croyant nous aurons comme bénéfice " LA VIE ETERNELLE" menant en croyant que Jésus est Dieu qu'est nous nous gagnons??...Il est le Dieu " All Prophéties messianiques

Dans toute l'histoire de l'humanité, il n'y a pas de question plus importante que celle-ci : « Qui est le Messie ? » Si vous trouvez le Messie, vous trouvez le Sauveur et le seul moyen d'avoir le plein pardon de vos péchés.

Le mot « Messie » est un titre qui vient de l'Ancien Testament de la Parole de Dieu, qui veut dire « l'Oint », et qui signifie le Sauveur de Dieu. Nous trouvons ce personnage dans la prophétie de Daniel, au chapitre 9, le verset 26a : « Après les soixante-deux semaines, le Messie sera retranché, et il n'aura pas de successeur. » Ce titre est traduit par le terme « Christ » dans le Nouveau Testament : Jean 1 :41b « Nous avons trouvé le Messie (ce qui signifie Christ) » Dieu, qui vous aime, veut que vous sachiez qui est ce Sauveur. Pour vous assurer et vous convaincre, Dieu vous donne plusieurs prophéties concernant cette personne. En regardant ces prophéties, vous pouvez discerner celui au sujet duquel Dieu a parlé par les prophètes et celui en qui il faut croire pour être sauvé. Dans cette étude, en étudiant ces prophéties écrites concernant le Messie, essayez de discerner : Qui est le Messie ? Prophéties messianiques : La naissance du Messie Prophétie 1 : Le Messie sera né d'une vierge.

Ésaïe : Le profil du prophète

Son nom : « salut de l'Éternel »

Date de rédaction : 740 à 680 av. J.-C.

Lieu de son ministère : Juda

Esaïe 7 : 14 « C'est pourquoi le Seigneur lui-même vous donnera un signe, Voici, la vierge deviendra enceinte, elle enfantera un fils, Et elle lui donnera le nom d'Emmanuel. »

D'abord, pour être capable de discerner qui est le Messie, il faut trouver quelqu'un qui est né d'une vierge. Quel est le sens de cette prophétie ? Ça veut dire que le Messie sera né d'une femme qui n'a jamais eu de relation physique avec un homme avant la naissance du Messie.

Accomplissement :

prudentculture@gmail.com
prudentculture@yahoo.com
+243 970 610 799
+243 892 479 842

Dans toute l'histoire de l'humanité, on trouve une seule personne qui a été née d'une vierge – Jésus de Nazareth.

Matthieu 1 : 18 « Voici de quelle manière arriva la naissance de Jésus-Christ. Marie, sa mère, ayant été fiancée à Joseph, se trouva enceinte, par la vertu du Saint-Esprit, avant qu'ils eussent habité ensemble. »

Matthieu 1 :25 « Mais il ne la connut point jusqu'à qu'elle ait enfanté un fils, auquel il donna le nom de Jésus. »

Avant la conception du Messie, l'ange Gabriel est venu à une jeune fille, une vierge qui s'appelait Marie. Il lui a dit qu'elle serait enceinte avant qu'elle ait connu un homme. Considérez la question qu'elle lui a posée et la réponse de Gabriel.

Luc 1 :34 « Marie dit à l'ange : Comment cela se fera-t-il, puisque je ne connais point d'homme ? »

Après lui avoir expliqué que cela se ferait par la puissance du Saint-Esprit, Gabriel lui a dit : Luc 1 :37 « Car rien n'est impossible à Dieu. » Selon ces textes, il est indisputable que Jésus a accompli la prophétie de Esaïe 7 :14 en étant né d'une vierge. Par ceci, nous pouvons avoir l'assurance qu'il était le Messie, le Sauveur de Dieu.

Notez bien ! Est-ce que Marie est restée vierge après la naissance de Jésus ? Non. Considérez le texte suivant :

Matthieu 13 :55-56 « N'est-ce pas le fils du charpentier ? N'est-ce pas Marie qui est sa mère ? Jacques, Joseph, Simon et Jude, ne sont-ils pas ses frères ? Et ses sœurs ne sont-elles pas toutes parmi nous ? »

Prophétie 2 : Le Messie sera né à Bethlehem.

Le profil du prophète Michée :

Son nom : « Qui est semblable à l'Éternel ? »

Date de rédaction : 740 av. J.-C.

Lieu de son ministère : Samarie et Jérusalem

prudentculture@gmail.com
prudentculture@yahoo.com
+243 970 610 799
+243 892 479 842

Michée 5 : 1 « Et toi, Bethlehem Ephrata, Petite entre les milliers de Juda, De toi sortira pour moi Celui qui dominera sur Israël, Et dont les activités remontent aux temps anciens, Aux jours de l'éternité. »

Cette prophétie nous présente la ville natale du Messie – Bethlehem. Le texte souligne le fait que même en étant une petite ville parmi toutes les villes de Juda, le Messie y serait né.

Accomplissement :

Jésus de Nazareth fût né à Bethlehem :

Luc 2 :4-7 « Joseph aussi monta de la Galilée, de la ville de Nazareth, pour se rendre en Judée, dans la ville de David, appelée Bethlehem... avec Marie... Pendant qu'ils étaient là, le temps où Marie devait accoucher arriva, et elle enfanta son fils premier-né. »

Mais, cet événement est beaucoup plus étonnant si on considère que Joseph et Marie ne vivaient pas à Bethlehem. Pourquoi, alors, étaient-ils là ? Nous trouvons la souveraineté de Dieu dans cette histoire lorsqu'on considère le texte suivant :

Luc 2 :1-3 « En ce temps-là parut un édit de César Auguste, ordonnant un recensement de toute la terre. Ce premier recensement eut lieu pendant que Quirinus était gouverneur de Syrie. Tous allaient se faire inscrire, chacun dans sa ville. »

Prophéties messianiques : La nature du Messie

Prophétie 1 : Le Messie sera éternel.

Michée 5 : 1 « Et toi, Bethlehem Ephrata, Petite entre les milliers de Juda, De toi sortira pour moi Celui qui dominera sur Israël, Et dont les activités remontent aux temps anciens, Aux jours de l'éternité. »

Lorsqu'on lit cette prophétie de Michée, on est frappé par le fait que le Messie serait celui « dont les activités remontent aux temps anciens, Aux jours de l'éternité. » Ceci nous enseigne que les activités du Messie sont depuis l'éternité, ça veut dire que le Messie est éternel.

Accomplissement :

Est-ce que Jésus s'est présenté comme celui dont ses activités remontent à l'éternité passée ? Oui. Considérez trois façons par lesquels Jésus s'est présenté dans cette manière :

Jésus s'est présenté comme étant descendu du ciel :

Jean 3 : 13 « Personne n'est monté au ciel, si ce n'est celui qui est descendu du ciel, le Fils de l'homme qui est dans le ciel. »

Jean 6 :38 « car je suis descendu du ciel pour faire, non ma volonté, mais la volonté de celui qui m'a envoyé. » (Jean 6 :33, 41-42, 50-51)

Jésus s'est présenté comme ayant vu Abraham, même comme celui qui est « je suis. »

Jean 8 : 56-59 : « Abraham, votre père, a tressailli de joie de ce qu'il verrait mon jour : il l'a vu, et il s'est réjoui. Les Juifs lui dirent : Tu n'as pas encore cinquante ans, et tu as vu Abraham ! Jésus leur dit : En vérité, en vérité, je vous le dis, avant qu'Abraham fût, je suis. Là-dessus, ils prirent des pierres pour les jeter contre lui ; mais Jésus se cacha, et il sortit du temple. »

Notez bien : Pourtant que le nom « je suis » indique une nature éternelle, il est aussi le nom réservé uniquement pour Dieu, le Créateur. Dans Exode 3 :14-15, Dieu s'est présenté comme « Je suis » —

« Dieu dit à Moïse : Je suis celui qui suis. Et il ajouta : C'est ainsi que tu répondras aux enfants d'Israël : Celui qui s'appelle « Je suis » m'a envoyé vers vous. Dieu dit encore à Moïse : Voilà mon nom pour l'éternité, voilà mon nom de génération en génération. »

Dans ce texte, il est clair que Jésus s'est présenté pas seulement comme quelqu'un avec une nature éternelle, mais comme « Je suis », un nom réservé pour Dieu seul.

Jésus s'est présenté comme ayant partagé la gloire de Dieu avant que le monde fût.

Jean 17 : 5 « Et maintenant toi, Père, glorifie-moi auprès de toi-même de la gloire que j'avais auprès de toi avant que le monde fût. »

prudentculture@gmail.com
prudentculture@yahoo.com
+243 970 610 799
+243 892 479 842

Selon ces textes, il est clair que Jésus s'est présenté avec une nature éternelle. En le faisant, Jésus accomplit encore une prophétie par rapport au Messie : « Et dont les activités remontent aux temps anciens, aux jours de l'éternité. »

Mais, qui est éternel ? Même les anges ne peuvent pas prétendent être éternel. Il y a un seul qui est éternel dans tout l'univers !

Prophétie 2 : Le Messie sera Dieu.

Esaïe 9 : 5 « Car un enfant nous est né, un fils nous est donné, Et la domination reposera sur son épaule ; On l'appellera Admirable, Conseiller, Dieu puissant, Père éternel, Prince de la paix. »

Dieu nous a dit par rapport au Messie, à travers le prophète Esaïe : « On l'appellera Admirable, Conseiller, Dieu puissant, Père éternel, Prince de la paix ». Selon cette prophétie, cet enfant sera appelé par plusieurs noms. Un parmi ces noms est frappant – « Dieu puissant. » Cette prophétie nous indique que le Messie sera le seul Dieu Créateur !

Accomplissement :

Selon les prophètes, si Jésus n'était pas Dieu, il n'était pas « le Messie », parce qu'il faut que le Messie soit un homme qui est l'unique Dieu Créateur. Est-ce que Jésus était Dieu ?

Jésus s'est présenté comme Dieu.

Selon Jean 5 :17-18, chaque fois que Jésus a déclaré que Dieu était son propre Père, ou qu'il était le « Fils de Dieu », il se faisait lui-même égal à Dieu. Dans l'Évangile selon Jean, on trouve cette phrase « Mon Père » utilisée par Jésus au moins 29 fois !

Jean 5 : 17-18 : « Mais Jésus leur répondit : Mon Père agit jusqu'à présent ; moi aussi, j'agis. A cause de cela, les Juifs cherchaient encore plus à le faire mourir, non seulement parce qu'il violait le sabbat, mais parce qu'il appelait Dieu son propre Père, se faisant lui-même égal à Dieu. » (Jean 5 :25 ; 9 :35-38, 10 :36)

En plus de ces occasions, Jésus a dit les choses qu'un homme, ni un prophète, ni un ange ne peuvent pas dire. Pour dire ce que Jésus a dit, il faut être Dieu ! Considérez quelques exemples :

prudentculture@gmail.com
prudentculture@yahoo.com
+243 970 610 799
+243 892 479 842

Jean 10 :30 « Moi et le Père nous sommes un. »

Jean 14 :9 « Jésus lui dit : Il y a si longtemps que je suis avec vous, et tu ne m'as pas connu, Philippe ! Celui qui m'a vu a vu le Père ; comment dis-tu : Montre-nous le Père ? »

Matthieu 13 :41 « Le Fils de l'homme enverra ses anges, qui arracheront de son royaume tous les scandales et ceux qui commettent l'iniquité. »

Jésus a exercé les prérogatives de Dieu.

Considérez l'exemple suivant de comment Jésus a fait les œuvres de Dieu. Dans ce texte, Jésus a pardonné les péchés d'un homme – un acte réservé uniquement à Dieu.

Luc 5 :20-21 « Voyant leur foi, Jésus dit : Homme, tes péchés te sont pardonnés. Les scribes et les pharisiens se mirent à raisonner et à dire : Qui est celui-ci, qui profère des blasphèmes ? Qui peut pardonner les péchés, se ce n'est Dieu seul ? »

Jésus avait les attributs de Dieu.

Selon la Bible, Jésus est éternel, omniprésent, omniscient, et omnipotent. Ces attributs sont réservés uniquement à Dieu. Considérez quelques exemples de comment Jésus a manifesté ces attributs divins :

Éternel : Jean 8 :58 « Jésus leur dit : En vérité, en vérité, je vous le dis, avant qu'Abraham fût, je suis. »

Omniprésent : Matthieu 28 :20b « Et voici, je suis avec vous tous les jours, jusqu'à la fin du monde. »

Omniscient : Jean 1 :48 « D'où me connais-tu ? lui dit Nathanaëlle. Jésus lui répondit : Avant que Philippe t'appelle, quand tu étais sous le figuier, je t'ai vu. »

Jean 6 :64 « « Mais il en est parmi vous quelques-uns qui ne croient point. » Car Jésus savait dès le commencement qui étaient ceux qui ne croyaient point, et qui était celui qui le livrerait. »

prudentculture@gmail.com
prudentculture@yahoo.com
+243 970 610 799
+243 892 479 842

Omnipotent : Jésus était plus puissant que les démons – Luc 4 :35 « Jésus le menaça, disant : Tais-toi, et sors de cet homme. Et le démon le jeta au milieu de l'assemblée, et sortit de lui, sans ne lui faire aucun mal. »

Jésus était plus puissant que la nature – Marc 4 :39, 41 « S'étant réveillé, il menaça le vent, et dit à la mer : Silence ! Tais-toi ! Et le vent cessa, et il y eut un grand calme… Ils furent saisi d'une grande frayeur, et ils se dirent les uns aux autres : Quel est donc celui-ci, à qui obéissent même le vent et la mer ? »

Jésus était plus puissant que la mort – Jean 5 :25 « En vérité, en vérité, je vous le dis, l'heure vient, et elle est déjà venue, ou les morts entendront la voix du Fils de Dieu ; et ceux qui l'auront entendue vivront. »

Jésus est appelé Dieu dans les Saintes Écritures.

Psaume 45 :7-8 « Ton trône, ô Dieu, est à toujours…C'est pourquoi, ô Dieu, ton Dieu t'a oint… »

Jean 1 :1, 14 a « Au commencement était la Parole, et la Parole était avec Dieu, et la Parole était Dieu…Et la Parole a été faite chair… »

Jean 20 :28-29 « Thomas lui répondit : Mon Seigneur et mon Dieu ! Jésus lui dit : Parce que tu m'as vu, tu as cru. Heureux ceux qui n'ont pas vu, et qui ont cru ! »

Philippiens 2 :5-7 « Avez en vous les sentiments qui étaient en Jésus-Christ : existant en forme de Dieu, il n'a point regarder son égalité avec Dieu comme une proie à arracher, mais il s'est dépouillé lui-même, en prenant une forme de serviteur, en devenant semblable aux hommes ; et il a paru comme un vrai homme. »

La Bible est claire qu'il n'y a qu'un seul Dieu, pas deux, ni trois, mais un seul. Comment peut-on appeler un être humain « Dieu puissant » ? Pour être capable d'accepter la réponse à cette question, il faut croire une vérité fondamentale : Dieu est tout-puissant. Rien n'est impossible à Dieu. La Bible dit dans le Psaume 115 : 3 – « Notre Dieu est au ciel, Il fait tout ce qu'il veut. » Le Psaume 135 : 6 déclare : « Tout ce que l'Éternel veut, il le fait, Dans les cieux et sur la terre, Dans les mers et dans tous les abîmes. »

prudentculture@gmail.com
prudentculture@yahoo.com
+243 970 610 799
+243 892 479 842

Donc, ce n'est pas à nous de limiter le Dieu tout-puissant en disant qu'Il ne peut pas devenir un homme. Il le peut ! Bien plus, environ 700 ans avant la naissance de Jésus de Nazareth, il l'avait promis.

Prophéties messianiques : Le nom du Messie

Prophétie : Le Messie sera « Dieu avec nous. »

Esaïe 7 : 14 « C'est pourquoi le Seigneur lui-même vous donnera un signe, Voici, la vierge deviendra enceinte, elle enfantera un fils, Et elle lui donnera le nom d'Emmanuel. »

Le nom « Emmanuel » veut dire « Dieu avec nous. » Comment est-ce que le Messie serait « Dieu avec nous » ?

Accomplissement :

Selon *Matthieu 1 :19-23*, le nom que Jésus a reçu a été donné par Dieu lui-même, à travers un ange. Mais, ce nom n'était pas « Emmanuel. » Quoi qu'il en soit, dans un autre sens, Jésus de Nazareth a accompli cette prophétie par son propre nom « Jésus. » Notez bien ce que ce texte nous enseigne :

Matthieu 1 :19-23 « Joseph, son époux, qui était un homme de bien et qui ne voulait pas la diffamer, se proposa de rompre secrètement avec elle. Comme il y pensait, voici, un ange du Seigneur lui apparut en songe, et dit : Joseph, fils de David, ne crains pas de prendre avec toi Marie, ta femme, car l'enfant qu'elle a conçu vient du Saint-Esprit ; elle enfantera un fils, et tu lui donneras le nom de Jésus ; c'est lui qui sauvera son peuple de ses péchés. Tout cela arriva afin que s'accomplît ce que le Seigneur avait annoncé par le prophète : Voici, la vierge sera enceinte, elle enfantera un fils, et on lui donnera le nom d'Emmanuel, ce qui signifie Dieu avec nous. »

Le sens du nom « Jésus » : « Jésus » veut dire « Jéhovah sauve ». Le nom « Jéhovah » est le nom personnel de Dieu que nous trouvons dans l'Ancien Testament (Exode 3 :14).

Mais, pourquoi a-t-il fallu donner à cet enfant le nom « Jésus » ? Selon le texte, l'emphase est comme ceci : Tu lui donneras le nom Jésus, (Jéhovah sauve) ; parce que c'est lui-même qui sauvera son peuple de ses péchés. Le message de

prudentculture@gmail.com
prudentculture@yahoo.com
+243 970 610 799
+243 892 479 842

l'ange était incroyable ! Ce message était que ce bébé était celui qui sauve, Jéhovah lui-même !

L'accomplissement de la prophétie : A la fin de ce texte, nous trouvons une explication pour laquelle tout cela est arrivé. C'était pour accomplir la prophétie d'Ésaïe, dans Esaïe 7 :14. Mais dans l'explication, nous trouvons que l'emphase de l'accomplissement de cette prophétie était sur le sens du nom Emmanuel et pas sur l'orthographe. Emmanuel veut dire, Dieu avec nous. Ce bébé, Jésus, Jéhovah sauve, est Dieu avec nous, le vrai Emmanuel ! Selon cette explication, il est clair que le message de cet ange a deux aspects :

La personne de ce bébé : Il est Jéhovah.

L'œuvre de ce bébé : Il va sauver son peuple de ses péchés.

Prophéties messianiques : La mort du Messie

Prophétie 1 : Le Messie subira des souffrances :

Le profil de David le Roi :

Son nom : « Bien-aimé »

Date de rédaction : Xe siècle av. J.-C.

Lieu de son ministère : Jérusalem

Psaume 22 « Mon Dieu, mon Dieu ! Pourquoi m'as-tu abandonné...Tous ceux qui me voient se moquent de moi...tous mes os se séparent...ma langue s'attache à mon palais... Ils ont percé mes mains et mes pieds... Ils se partagent mes vêtements, Ils tirent au sort ma tunique... »

Ce psaume prophétise beaucoup de détail par rapport aux souffrances du Messie. Avant de surveiller les prophéties de Psaume 22, considérez comment Jésus lui-même a prophétisé par rapport à sa propre mort par crucifixion.

Matthieu 20 : 17-20 « Pendant que Jésus montait à Jérusalem, il prit à part les douze disciples, et il leur dit en chemin: Voici, nous montons à Jérusalem, et le Fils de l'homme sera livré aux principaux sacrificateurs et aux scribes. Ils le condamneront à mort, et ils le livreront aux païens, pour qu'ils se moquent de lui, le battent de verges, et le crucifient ; et le troisième jour il ressuscitera » (Marc 10 :34 ; Luc 18 :33)

Tableau : Psaume 22

Prophétie 2 : Le Messie mourra à cause de nos péchés.

Esaïe 53 : 5 « Mais il était blessé pour nos péchés, Brisé pour nos iniquités ; Le châtiment qui nous donne la paix est tombé sur lui, Et c'est par ses meurtrissures que nous sommes guéris. »

Esaïe 53 :10 « Il a plu à l'Éternel de le briser par la souffrance...Après avoir livré sa vie en sacrifice pour le péché, Il verra une postérité et prolongera ses jours ; Et l'œuvre de l'Éternel prospérera entre ses mains. »

Maintenant, nous arrivons à la question primordiale – pourquoi ? Pourquoi est-ce que Dieu a planifié de devenir un homme ?

La Bible est claire, elle dit que « tous ont péché et sont privés de la gloire de Dieu » (Romains 3 : 23). À cause de nos péchés, Dieu, qui est saint et juste, doit nous punir. Concernant cette punition, la Bible dit que « le salaire du péché, c'est la mort » (Romains 6 : 23a). Cette mort parle d'une séparation éternelle en enfer. Mais, Dieu nous aime et il a planifié depuis longtemps de devenir un homme pour subir notre punition lui-même.

Accomplissement :

Considérez que Jésus-Christ est mort par crucifixion. Voici, plusieurs textes qui témoignent de la mort de Jésus-Christ :

Le témoignage des Évangiles : Luc 23 :46 Jésus s'écria d'une voix forte : Père, je remets mon esprit entre tes mains. Et, en disant ces paroles, il expira. (Matthieu 27 : 50, Marc 15 : 37, Jean 19 : 30)

Le témoignage des exécuteurs : Jean 19 : 33-34 S'étant approchés de Jésus, et le voyant déjà mort, ils ne lui rompirent pas les jambes ; mais un des soldats lui perça le côté avec une lance, et aussitôt il sortit du sang et de l'eau.

Le témoignage officiel du gouvernement romain : Marc 15 : 44-45 Pilate s'étonna qu'il fût mort si tôt ; fit venir le centenier et lui demanda s'il était mort

prudentculture@gmail.com
prudentculture@yahoo.com
+243 970 610 799
+243 892 479 842

depuis longtemps. S'en étant assuré par le centenier, il donna le corps à Joseph.

Le témoignage physique de Joseph d'Arimathée : Matthieu 27 : 59-60 Joseph prit le corps, l'enveloppa d'un linceul blanc, et le déposa dans un sépulcre neuf, qu'il s'était fait tailler dans le roc. Puis il roula une grande pierre à l'entrée du sépulcre, et il s'en alla.

Le témoignage angélique : Matthieu 28 : 7 et allez promptement dire à ses disciples qu'il est ressuscité des morts. Et voici, il vous précède en Galilée : c'est là que vous le verrez. Voici, je vous l'ai dit.

Considérez ce que Jésus-Christ a dit par rapport à pourquoi il allait mourir. En étant prophète, ceci est la Parole de Dieu concernant ce sujet.

Matthieu 20 : 28 : « C'est ainsi que le Fils de l'homme est venu, non pour être servi, mais pour servir et donner sa vie comme la rançon de plusieurs. »

Jean 10 : 11 : « Je suis le bon berger. Le bon berger donne sa vie pour ses brebis. »

Considérez l'explication de la mort de Jésus-Christ dans les Epitres du NT :

Romains 5 : 8 « Mais Dieu prouve son amour envers nous, en ce que, lorsque nous étions encore des pécheurs, Christ est mort pour nous. »

1 Pierre 2 : 24 « ...lui qui a porté lui-même nos péchés en son corps sur le bois... »

1 Jean 2 : 2 « Il est lui-même la victime expiatoire pour nos péchés, et non seulement pour les nôtres, mais aussi pour ceux du monde entier. »

1 Corinthiens 15 : 3 « ...Christ est mort pour nos péchés, selon les Ecritures... »

Résumé – Selon les prophètes...Qui est le Messie ?

Il y a une seule réponse : « Jésus de Nazareth ». Il est né d'une vierge. Il est né à Bethlehem. Il est Dieu. Il est le vrai Emmanuel. Il est mort à cause nos péchés.

Comment pouvez-vous recevoir le salut qui se trouve en Jésus-Christ ?

prudentculture@gmail.com
prudentculture@yahoo.com
+243 970 610 799
+243 892 479 842

Concernant Jésus-Christ, la Bible dit dans Actes 10 : 43, « Tous les prophètes rendent de lui le témoignage que quiconque croit en lui reçoit par son nom le pardon des péchés. »

En qui repose votre confiance pour le pardon de vos péchés ? Si ce n'est pas uniquement en Jésus le Messie, repentez-vous et croyez-en Lui pour être pardonné de vos péchés et sauvé éternellement.

Jean 3 : 16 « Car Dieu a tant aimé le monde qu'il a donné son Fils unique, afin que quiconque croit en lui ne périsse point, mais qu'il ait la vie éternelle. »

10 thoughts on "Prophéties messianiques"

Je suis persuadé qu'il qu'un seul Dieu le tout puissant et Mohamed est son dernier messager. Sinon ce qui a été écrit reste à vérifier, trop de zone d'ombre.

Merci beaucoup pour votre commentaire. Nous croyons qu'il y a un seul Dieu et qu'il se présente comme Yahvé. Considérez ce que Dieu a dit à travers le prophète Ésaïe, « Je suis l'Éternel, c'est là mon nom ; Et je ne donnerai pas ma gloire à un autre, Ni mon honneur aux idoles » (Ésaïe 42 :8). Le nom en hébreu qui est traduit par « l'Éternel » est le nom « Jéhovah » ou « Yahvé. » C'est ce Dieu, Yahvé, qui a envoyé son Fils unique, Jésus-Christ, pour mourir à cause de nos péchés. Considérez ce verset de la Bible : « Mais Dieu prouve son amour envers nous, en ce que, lorsque nous étions encore des pécheurs, Christ est mort pour nous » (Romains 5 :8). Est-ce vous avez des questions spécifiques par rapport à la Bible ou une étude qui se trouve sur notre site web ? Nous sommes à votre disposition.

Vous dites : Yahvé a envoyé son Fils unique. Il y'a Yahvé et son Fils unique donc deux dieux ! Plus vous essayer d'expliquer et plus vous ajouter d'autres ambiguïtés.

Il y a un seul Dieu. Mais, lorsque Dieu s'est présenté dans l'AT, il se présente comme unique, mais avec une complexité de son être. Genèse 1 :26 « Puis Dieu dit : Faisons l'homme à notre image, selon notre ressemblance… » Dans ce texte « Dieu » singulier a employé la première personne du plurielle, « Faisons » et « notre. »

Dans les Écritures Dieu le Père est présenté comme Dieu. Je crois que tout le monde est d'accord à ce niveau. Dans la même manière, selon la révélation de Dieu et l'autorité de sa Parole, lorsque Jésus est présenté, il est présenté comme « le Fils de Dieu, » qui veut dire qu'il avait la nature de Dieu (quelques exemples : Psaume 45 :7-8 ; Psaume 110 :1 avec Matthieu 22 :41-46 ; Jean 5 :17-18, 8 :56-59, 10 :36-38).

Mais, pourquoi est-ce que Dieu est devenu un homme ? Pour nous sauver. Pour se donner lui-même comme sacrifice expiatoire pour nos péchés (2 Corinthiens 5 :21 ; 1 Jean 2 :2). Avez-vous l'assurance de la vie éternelle en Jésus-Christ ? Jésus a dit « quiconque croit en lui ne périsse point, mais qu'il ait la vie éternelle » (Jean 3 :16)

DES QUESTION POUR JESUS

Voici, quelques réponses :

1. Il est clair que Jésus-Christ n'a jamais déclaré le suivant, « Je suis Dieu, adorez-moi ! »

2. Le fait qu'il n'a pas fait une telle déclaration n'est pas l'essentiel. Par exemple, croyez-vous que Jésus-Christ est prophète ? Si oui, a-t-il jamais dit le suivant, « Je suis prophète » ? Mais, vous le croyez. Pourquoi, parce qu'il s'est manifesté comme prophète.

3. Je crois que Jésus-Christ était Dieu incarné pour au moins trois raisons :

   a) Les prophètes avant Jésus-Christ ont prophétisé d'un Messie divin.

   b) Jésus-Christ s'est présenté comme Dieu incarné.

   c) Jésus-Christ s'est manifesté qu'il était Dieu incarné par ses œuvres.

Si vous voulez d'autres clarifications plus spécifiques, nous avons plusieurs études par rapport à ce sujet sur la catégorie, « Christ ».

Sous les titres "Mort de Jésus" et "Le messie mourra à cause de nos péchés", vous citez des versets qui parlent de tout sauf de la mort de Jésus.

prudentculture@gmail.com
prudentculture@yahoo.com
+243 970 610 799
+243 892 479 842

Merci beaucoup pour votre commentaire. Vous aviez raison de souligner qu'on n'a pas cité les textes qui montrent que Jésus-Christ est mort. Ils sont maintenant inclus dans l'étude.

Comment are closed. uha Akbar? ..." laissez – moi vous poser cette question, qui parle ici dans le livre du Prophète Esaïe ? " Esaïe 48 : 12 – 16"...Apôtre Jean nous a écrit " 1 Jean 5 : 16." Romains 1 : 21 – 23" 1 Corinthiens 8 : 6 ;

1 Tim 2 : 5...Exode 20 :7. 1 Timothy 5 : 24/ 1 Timothy 5 : 20 -21."

Dans Esaïe 48.12-16 c'est YHWH qui parle. Notez bien le lien entre le nom YHWH et Exode 3.14 et les passages où Jésus a dit "je suis."

Jéhovah ou Yahwe (YHWH) est le nom spécial donné par Dieu pour Lui-même dans l'AT. C'est le nom révélé à Moïse dans Exode 3.14

« Dieu dit à Moïse : Je suis celui qui suis. Et il ajouta : C'est ainsi que tu répondras aux enfants d'Israël : Celui qui s'appelle "je suis" m'a envoyé vers vous. » Exode 3.14.

Jésus a affirmé son identité en utilisant plusieurs fois le nom « je suis. »

« Je suis » (Jean. 6 :35, 48, 51 ; 8 :12, 58 ; 10 :7, 9, 11 ; 11 :25 ; 13 :19 ; 14 :6 ; 15 :1, 5 ; 18.5-6)

Qui parle dans les versets suivants ?

Apocalypse 1 :8 Je suis l'Alpha et l'Oméga, dit le Seigneur Dieu, celui qui est, qui était et qui vient, le Tout-Puissant.

Apocalypse 21 :6 Il me dit : C'est fait ! Je suis l'Alpha et l'Oméga, le commencement et la fin. A celui qui a soif, je donnerai de la source de l'eau de la vie, gratuitement.

Apôtre Jean nous a écrit que si tu vois un homme pèche un pèche' qui n'amène pas à la mort, prie pour lui, mais si c'est un pèche' qui amené à la mort...ne prie pas pour lui ! 1 Jean 5 : 16.

Les vrais Chrétiens savent que Jésus n'est pas Dieu, mais le Fils de Dieu " 1 Jean 5 : 1- 11" C'est cela la Doctrine de Jésus...2 Jean 8 – 10. Jésus, Notre Seigneur avait dit " Dieu est Esprit" Jean 4 : 24. Jésus is the Lamb of God...Jean 1 : 35.

prudentculture@gmail.com
prudentculture@yahoo.com
+243 970 610 799
+243 892 479 842

L'Apôtre dit à Timothy…"2 Timothy 2 : 24 – 26"…Nous espérons que Dieu vous donnera de la repentance pour arriver à la connaissance de la vérité'….

C'est clair que le nom "fils de Dieu" est une référence à sa divinité :

1Jean 5 :20 Nous savons aussi que le Fils de Dieu est venu, et qu'il nous a donné l'intelligence pour connaître (celui qui est) le Véritable ; et nous sommes dans le Véritable, en son Fils Jésus-Christ. C'est lui le Dieu véritable et la vie éternelle.

Regardez aussi ce que Jésus lui-même a dit dans son interrogation devant le sacrificateur :

Marc 14.61 "Le souverain sacrificateur l'interrogea de nouveau et lui dit : Es-tu le Christ, le Fils du (Dieu) Béni ? 62 Jésus répondit : Je le suis. Et vous verrez le Fils de l'homme assis à la droite du Tout-Puissant et venant avec les nuées du ciel. 63 Alors le souverain sacrificateur déchira ses vêtements et dit : Qu'avons-nous encore besoin de témoins ? 64 Vous avez entendu le blasphème. Que vous en semble ? Tous le condamnèrent comme passible de mort."

Écouter le commentaire de Jean quand Jésus a parlé de Dieu comme son Père :

Jean 5 :17 Mais Jésus leur répondit : Mon Père travaille jusqu'à présent. Moi aussi, je travaille. 18 A cause de cela, les Juifs cherchaient encore plus à le faire mourir, non seulement parce qu'il violait le sabbat, mais parce qu'il disait que Dieu était son propre Père, se faisant ainsi lui-même égal à Dieu.

Savez-vous pourquoi Jésus est appelé "l'agneau de Dieu ?" Il n'était pas un agneau des hommes. Il était l'agneau de Dieu parce qu'il est venu de Dieu. L'incarnation était nécessaire pour un sacrifice parfait. Pensez au système des sacrifices dans l'Ancien Testament. Tous les sacrifices sont une image du sacrifice parfait de Jésus Christ.

Esaïe 53 : 5 Mais il était transpercé à cause de nos crimes, Écrasé à cause de nos fautes ; Le châtiment qui nous donne la paix est (tombé) sur lui, Et c'est par ses meurtrissures que nous sommes guéris. 6 Nous étions tous errants comme des brebis, Chacun suivait sa propre voie ; Et l'Éternel a fait retomber sur lui la faute de nous tous.

prudentculture@gmail.com
prudentculture@yahoo.com
+243 970 610 799
+243 892 479 842

En tant qu'un homme parfait, Jésus pouvait donner sa vie parfaite comme un sacrifice à notre place. Mais si Jésus était seulement un homme et il n'était pas incarnation de Dieu, alors son sacrifice ne pouvait pas nous sauver. Mais, En tant que Dieu, Jésus pouvait offrir sa vie pour tout l'humanité :

Hébreux 9.12 et il est entré une fois pour toutes dans le sanctuaire, non avec le sang des boucs et des veaux, mais avec son propre sang. C'est ainsi qu'il (nous) a obtenu une rédemption éternelle. 13 Car si le sang des boucs et des taureaux, et la cendre d'une génisse qu'on répand sur ceux qui sont souillés, les sanctifient de manière à purifier la chair, 14 combien plus le sang du Christ qui par l'Esprit éternel s'est offert lui-même sans tache à Dieu purifiera-t-il notre conscience des œuvres mortes, pour que nous servions le Dieu vivant !

Plus profond que la profondeur humaine

Le pardon divin, plus profond que la profondeur humaine

1) Chant des montées. Depuis les profondeurs je t'invoque, Seigneur !

2) Seigneur, écoute ma voix ! Que tes oreilles soient attentives à mes supplications !

3) Si tu prenais garde aux fautes Seigneur, qui pourrait tenir debout ?

4) Mais c'est auprès de toi que se trouve le pardon, afin qu'on te craigne.

5) J'espère le Seigneur, j'espère vraiment ; j'attends sa parole

6) Je compte sur le Seigneur plus que les gardes sur le matin, plus que les gardes sur le matin.

7) Israël, attends le Seigneur ! Car c'est auprès du Seigneur qu'est la fidélité, et la libération abonde auprès de lui.

8) C'est lui qui libérera Israël de toutes ses fautes.

prudentculture@gmail.com
prudentculture@yahoo.com
+243 970 610 799
+243 892 479 842

Nous voici face à une personne se trouvant au plus bas. C'est depuis les abysses de l'angoisse qu'il adresse sa prière à Dieu.

Le dictionnaire donne cette définition à l'angoisse :

Grande inquiétude, anxiété profonde née du sentiment d'une menace imminente mais vague.

Autre définition :

Sentiment pénible d'alerte psychique et de mobilisation somatique devant une menace ou un danger indéterminé Notez que dans ces définitions, il est question de menace vague et de danger indéterminé. Et c'est vrai que « J'ai une grande angoisse au fond de moi, mais je ne sais pourquoi », est une phrase que l'on entend souvent de la part de personnes angoissées. Mais pas dans notre Psaume, rien de vague, ni d'indéterminé. Le psalmiste est tout à fait au courant de la cause de son angoisse : Ce n'est pas le stress au travail Ce n'est pas de maladie ou de deuil Ce n'est pas une situation économique précaire Ce n'est pas une nouvelle étape dans la vie, tel un départ en retraite, un divorce ce n'est pas une expérience négative, telle une agression physique Rien de tout cela n'est à l'origine de son angoisse. La cause du morcellement de son être, de cet engloutissement, c'est le péché, son péché. C'est le sentiment de sa culpabilité, la prise de conscience du poids de son péché qui l'entraîne ainsi dans les abysses de l'angoisse. Que va-t-il faire ? Faire taire sa conscience ? Se persuader que l'acte qu'il a posé n'est pas si grave que cela ? Non ! Loin de considérer cette expérience comme seulement un peu gênante qui doit discrètement être mise de côté, cachée dans un placard : il va la déposer ouvertement, avec passion devant Dieu. Sa culpabilité est reconnue et exprimée. Mais quelle garantie peut-il avoir que sa prière sera entendue et exaucée ? Quelle assurance a-t-il que Dieu lui accordera le pardon ?

Il faut se souvenir de la prière que Salomon a faite lors de la dédicace du temple. Dans sa prière, on retrouve la même expression « Que tes oreilles soient attentives ». Nous sommes dans le livre de 2 Chr , dans lequel Salomon fait cette prière : «Quand les Israélites te désobéiront car il n'y a aucun homme qui ne désobéisse jamais s'ils réfléchissent, s'ils recommencent à te supplier en

prudentculture@gmail.com
prudentculture@yahoo.com
+243 970 610 799
+243 892 479 842

disant : Nous avons désobéi, nous avons péché, nous sommes coupables!, 38 s'ils te demandent pardon de tout leur cœur s'ils se tournent vers le temple que j'ai construit pour toi, s'ils te prient, 39 toi alors, dans le ciel où tu habites, sois attentif, écoute leur prière suppliante, viens à leur aide et pardonne-leur d'avoir péché contre toi. 40 Maintenant, ô mon Dieu, que tes yeux soient ouverts et que tes oreilles soient attentives à la prière faite en ce lieu. » 2 Chr Et voici ce que Dieu répond à Salomon : « Dès maintenant, j'ouvre mes yeux ; je serai attentif à toute prière qu'on m'adressera dans ce temple. » 2 Chr Dieu a donc promis d'entendre les prières faites au temple ou en direction du temple. Pourquoi ? Parce que c'est là que le grand sacrificateur offrait les sacrifices pour le pardon des péchés. Voilà pourquoi le pèlerin pouvait être assuré du pardon de Dieu. Toutes ses promesses, toute sa piété pourraient obtenir ne serait-ce qu'un milliardième de pardon. D'ailleurs vous remarquerez qu'il ne fait aucune promesse, comme il nous arrive d'en faire au Seigneur : « Non, non, je ne le ferai plus Seigneur, je te le promets ». Ou « A partir d'aujourd'hui, je m'engage à faire mieux ». Il arrive même que l'on commette l'erreur de croire ou en tout cas de penser que en agissant bien pendant suffisamment longtemps, cela annulera notre faute. Comme si on pouvait acheter la faveur de Dieu. Il n y'a rien de tout cela chez l'auteur de cette prière. Cet homme profondément humilié par son propre péché, ne désire qu'une chose, c'est obtenir la faveur de Dieu. Et il sait q' il ne peut rien donner, ni rien promettre en échange. Il veut seulement être entendu par Dieu et être pardonné de tous les torts qu'il a pu causer. « Seigneur, écoute ma voix ! Que tes oreilles soient attentives à mes supplications ! » On pourrait même traduire : « Seigneur obéis à ma voix !» Tous les sacrifices d'animaux dans l'Ancien Testament, nous le savons, n'étaient qu'une représentation, une préfiguration du grand, de l'unique sacrifice de Jésus sur la croix. Seul le sang de Jésus nous donne la garantie que Dieu nous écoute et nous pardonne. Il est donc inutile de faire des promesses que nous ne sommes pas sûrs de pouvoir tenir. Très franchement, vous croyez que c'est le fait de dire à Dieu : « Je te promets que je ne le ferai plus », qui l incline à nous pardonner ? Comme si Dieu raisonnerait en lui-même et dirait : « Comme il a promis, je lui pardonne ». C'est uniquement et seulement en vertu du sacrifice de Jésus que Dieu nous pardonne nos fautes et ne les garde pas en souvenir. Autrement, nul ne pourrait subsister. « Si tu

prudentculture@gmail.com
prudentculture@yahoo.com
+243 970 610 799
+243 892 479 842

gardais le souvenir des fautes, Eternel, Seigneur, qui pourrait subsister ? Littéralement « qui pourrait tenir debout ?

Si Dieu se souvenait des fautes, il n'y aurait plus rien. Il n'y aurait même plus d'hommes pour confesser leurs péchés. Et s'il n'y avait plus d'hommes, il n'y aurait plus de péchés. Tout aurait disparu. Lorsque Dieu nous envoie des épreuves, il nous arrive de penser : « Pourquoi moi, je n'ai pas mérité cela » Mais pouvons-nous imaginer ce que nous mériterions si Dieu gardait le souvenir de nos fautes ? Si le Seigneur retenait contre nous, tous les torts, toutes les offenses dont nous nous rendons coupables, toutes les mauvaises pensées ? « Si tu gardais le souvenir des fautes, qui pourrait subsister ?» Le Psaume ne donne pas la réponse, car poser la question, c'est y répondre. L'homme ne peut continuer d'exister, de parler, de vivre, et même de pécher et de confesser ses péchés, si j'ose dire, que grâce pardon de Dieu. Le pardon de Dieu n'est donc pas une éventualité, une possibilité ; c'est une certitude absolue. Et le moindre caractère conditionnel à ce pardon, la moindre hésitation rendrait toute vie impossible, car les hommes cesseraient aussitôt d'exister. Mais le pardon se trouve auprès de Dieu. Le pardon c'est la marque la plus authentique de l'amour de Dieu. Or trop souvent, l'amour de Dieu nous semble incertain. Nous pouvons croire que Dieu existe, mais il peut être difficile de croire que Dieu nous aime. Certes dans la Bible nous trouvons des paroles qui accusent notre façon de vivre. Mais s'il y a des paroles qui accusent, il y a aussi des paroles qui nous assurent de l'amour de Dieu. Voilà la simplicité même de l'Evangile. Dieu me pardonne : Voilà la vérité toute simple, mais tellement glorieuse qui va tirer le psalmiste du gouffre de l'angoisse. Il y a un instant, la prise de conscience de son péché et la culpabilité l'avaient entraîné au plus profond de l'océan, il a maintenant dans le cœur une confiance paisible et sereine. Aussi le psalmiste peut dire avec une pleine certitude, « J'espère le Seigneur, j'espère vraiment Je compte sur le Seigneur plus que les gardes sur le matin. Ceux qui ont servi sous les drapeaux, et ont connu les tours de garde, savent que notre espérance, à ce moment précis n'a qu'un seul objet, c'est le lever du jour. Car on sait qu'avec le matin arrive la fin de la garde. Existe-t-il une chose dont on soit plus sûr que le lever du jour ? Personne ne doute de l'arrivée du matin. Il en est de même pour le salut et le pardon de Dieu, ils sont aussi certains que la venue du matin. Peut-être ai-je beaucoup péché, mais le pardon de Dieu me donne une espérance. Je peux compter sur l'aube de son

prudentculture@gmail.com
prudentculture@yahoo.com
+243 970 610 799
+243 892 479 842

amour et de sa miséricorde. C'est la plus belle nouvelle au monde : « Le pardon se trouve auprès de toi, Seigneur !» Que faut-il en conclure ? Péchons donc, puisque Dieu est pardon et toute miséricorde ? Ou pour dire les choses avec les mots de l'apôtre Paul : « Que dirons-nous donc ? Demeurerions-nous dans le péché, afin que la grâce abonde ? » Romains 6 : 1

Car le pardon se trouve auprès de Dieu, non pour que l'on continue délibérément de pécher, mais pour qu'on le craigne. Autrement dit, Dieu nous pardonne pour que nous ne péchions plus. L'assurance du pardon doit déboucher sur la crainte de pécher à nouveau. Il faut se rappeler la 1 ère et 2ème question du catéchisme d'Heidelberg : Combien de choses devez-vous savoir, afin de vivre et de mourir dans l'heureuse assurance d'appartenir à Jésus-Christ ? Trois choses ! Premièrement, combien sont grands mes péchés et ma misère. Et en second lieu, par quel moyen j'en puis être délivré. Et enfin quelle reconnaissance je dois à Dieu pour cette délivrance. C'est exactement ce que nous trouvons dans le Ps Nous avons affaire à un homme qui a pleinement conscience de la grandeur de son péché et de sa misère, **qui sait que seul le pardon de Dieu est plus fort que son péché,** et qui enfin a compris que le pardon que Dieu lui permet d'atteindre son objectif car il fait naître dans son cœur la crainte de Dieu. Par conséquent, toute sa vie doit être l'expression continuelle de sa gratitude. Il a été pardonné. Tout ce qui lui reste à faire, c'est craindre Dieu non pour gagner des points, mais par pure reconnaissance. Dieu ne nous pardonne pas pour que nous puissions prendre nos péchés à la légère, pour que nous puissions dire : « Ce n'est pas grave, de toutes les façons, Dieu va me pardonner ». Non, Dieu nous pardonne pour que nous puissions le craindre, pour que nous vivions dans une obéissance nouvelle. Le pardon ne doit pas nous amener à rester dans le péché. Le pardon doit nous amener à une véritable adoration. Notez aussi que le pardon n'est pas simplement un coup d'éponge passé sur la faute. Il est question dans le Psaume de libération du péché. Le pardon est un acte thérapeutique. Lorsque la Bible aborde la question du péché, elle le fait sous deux angles, l'ange juridique et l'angle médical. Notre regard occidental a retenu surtout le juridique. C'est à dire que nous voyons Dieu comme un juge, tandis que les orientaux ont préféré l'angle médical et voient Dieu davantage comme un médecin. Pour faire la distinction entre Dieu juge et Dieu médecin, on pourrait dire qu'au juge, le voleur dira : « Prends pitié de moi Seigneur, pardonne-moi mes vols ». Mais au médecin, il

prudentculture@gmail.com
prudentculture@yahoo.com
+243 970 610 799
+243 892 479 842

dira : « Prends pitié de moi Seigneur, guéris-moi de ma manie de voler. » C'est bien de cela qu'il s'agit également dans ce Ps. 130, car il n'est pas question uniquement d'effacer le péché, mais bien d'en être libéré. Voilà pourquoi je disais que le pardon divin est un acte thérapeutique. Pensez à vos péchés. Pensez-vous que vous êtes incapable de vous sortir du trou, parce que vous tombez continuellement dans ces mêmes péchés ? Etes-vous découragé par tous les péchés qui sont encore présents dans votre vie, dans votre famille, dans l'Eglise. La libération abonde auprès du Seigneur. La bienveillance, la fidélité, la grâce, l'amour, la loyauté indéfectible se trouvent auprès de Dieu.

5 Ps. 130 : Plus profond que la profondeur humaine L'histoire d'un pécheur, est toujours une histoire triste, car le puits du péché est abyssal, d'où aucune force humaine ne peut le sortir. Mais l'amour de Dieu est encore plus profond. Il atteint l'homme même dans le puits du péché. L'amour de Dieu est plus profond que la plus profonde profondeur humaine. Le pardon de Dieu dépasse en qualité la force du péché quand celui-ci est à son apogée. « Là où le péché abonde, là où le péché foisonne, prolifère, la grâce surabonde » Rom Je disais à l'instant que d'histoire d'un pécheur, est toujours une histoire triste, mais il faut rajouter jusqu'à ce qu'il expérimente le pardon de Dieu, jusqu'à ce qu'il soit au bénéfice de cet acte thérapeutique divin qu'est le pardon. « Heureux celui que Dieu décharge de sa faute, et qui est pardonné du mal qu'il a commis ! 2 Heureux l'homme que le Seigneur ne traite pas en coupable et qui est exempt de toute mauvaise foi ! 3 Tant que je ne reconnaissais pas ma faute, mes dernières forces s'épuisaient en plaintes quotidiennes. 4 Car de jour et de nuit, Seigneur, tes coups pleuvaient sur moi, et j'étais épuisé, comme une plante au plus chaud de l'été. 5 Mais je t'ai avoué ma faute, je ne t'ai pas caché mes torts. Je me suis dit : « Je suis rebelle au Seigneur, je dois le reconnaître devant lui ». Et toi, tu m'as déchargé de ma faute. 6 Voilà pourquoi tous les fidèles devraient t'adresser leur prière quand ils découvrent leur faute. Si le danger menace de les submerger ils resteront hors d'atteinte. 7 Tu es un abri pour moi, tu me préserves de la détresse. Je crierai ma joie pour la protection dont tu m'entoures » Ps. 32.

prudentculture@gmail.com
prudentculture@yahoo.com
+243 970 610 799
+243 892 479 842

Printed by Books on Demand GmbH, Norderstedt / Germany